[美国] 斯蒂芬·格罗斯比 著　陈蕾蕾 译

民族主义

牛津通识读本·

Nationalism

A Very Short Introduction

译林出版社

图书在版编目（CIP）数据
民族主义/（美）斯蒂芬·格罗斯比（Steven Grosby）著；陈蕾蕾译.
—南京：译林出版社，2017.7（2021.5重印）
（牛津通识读本）
书名原文：Nationalism: A Very Short Introduction
ISBN 978-7-5447-6800-9

I.①民… II.①斯… ②陈… III.①民族主义－研究 IV.①D091.5

中国版本图书馆 CIP 数据核字（2016）第 316266 号

Nationalism: A Very Short Introduction
By Steven Grosby

著作权合同登记号　图字：10-2020-573 号

民族主义 [美国] 斯蒂芬·格罗斯比 / 著　陈蕾蕾 / 译

责任编辑　许　丹　何本国
责任印制　董　虎

原文出版　Oxford University Press, 2005
出版发行　译林出版社
地　　址　南京市湖南路 1 号 A 楼
邮　　箱　yilin@yilin.com
网　　址　www.yilin.com
市场热线　025-86633278
排　　版　南京展望文化发展有限公司
印　　刷　江苏凤凰通达印刷有限公司
开　　本　718 毫米 × 1000 毫米　1/16
印　　张　17.25
插　　页　4
版　　次　2017 年 7 月第 1 版
印　　次　2021 年 5 月第 6 次印刷
书　　号　ISBN 978-7-5447-6800-9
定　　价　39.00 元

序 言

雷 颐

20世纪上半叶两次惨绝人寰的世界大战无疑与民族主义的恶性膨胀大有关系，但二战后形成的资本主义与社会主义两大阵营的对峙，成为20世纪后半叶的基本国际秩序，资本主义与社会主义也成为两大主导意识形态。在二战后这种背景、格局下，民族主义只是两大阵营、两大主导意识形态之间的“中间地带”，甚至更多地成为两大阵营斗争的筹码。随着90年代初的苏联解体，作为世界体系的社会主义体系已不复存在，民族主义则突然高涨，成为对当今世界深有影响、具有巨大冲击力的意识形态。

吊诡的是，当今世界的大背景是使世界发生深刻变化的全球化，而与全球化背道而驰，甚至坚决反全球化的民族主义却又大行其道，委实难以理解。难以理解恰恰说明了解、理解的必要，不了解、不理解民族主义，就无法深刻了解、理解当今世界。作为“牛津通识读本”之一的《民族主义》，便是了解、理解民族主义的最佳著作。作者斯蒂芬·格罗斯比（Steven Grosby）是美国南卡罗来纳州克莱姆森大学宗教学教授，研究领域包括古代近东、宗教与民族间关系、希伯来文《圣经》以及社会和政治哲学，是《民族和民族主义》等相关权威刊物的编委。由于作者是这方面的研究权威，所以此书才能深入浅出，由表及里，历史叙述与理论阐释浑然一体。此“通识读本”还对各种观点、学派作了提纲挈领、要言不烦的介绍，照顾到了“通识性”，又以自己的理论分析框架对一系列史实、事件作了概念化抽象提炼和理论化处理，对百余年来的有关研究作了切中肯綮的分析评论，深具学术价值。

“民族主义”（nationalism）是一个现代才概括出的概念，却是人类最古老、久远的思想、情绪和意识形态，因此才最有力量。正如作者指出的，历史上人类按照不同的标准形成各种各样的群体，把“我们”与“他们”区别开来，其中一个标准就是“民族”。这种标准并非简单、中性地区分“异”与“己”，而是“唯我独尊”的标准。大约公元前2500年，两河流域的苏美尔人就有区分与外族人不同之处的标准。公元前16世纪，埃及人也有一套这种标准。古代以色列人明确以领土和语言作为区分标准，希腊人认为非希腊人是野蛮人。中国传统“天下”观的核心是“华夏中心论”，即天下是以中国为中心的，其他都是边缘，而且由“边缘”渐成“野蛮”。夷夏对举始于西周，有四夷、八蛮、七闽、九貉、五戎、六狄之说，严夷夏之防却是春秋时期。约至春秋时期，“夏”和与其相对的“狄”、“夷”、“蛮”、“戎”、“胡”等（后简称“狄夷”或“夷”）概念的使用开始突破地域范围，被赋予文化的意义，甚至被赋予一定程度的种族意义，主要用于区别尊卑上下、文明野蛮、道德与非道德。“华夏”代表正宗、中心、高贵、文明、伦理道德；“夷”则代表偏庶、边缘、卑下、野蛮、没有伦理道德，尚未脱离兽性。孔、孟都提出要严夷夏之防。先秦到两汉是中国传统思想、文化的奠基时代，“非我族类，其心必异”，以妖魔化的“他者”为镜像，塑造、形成了自己的种族或文化优越、优秀、高尚、高等的形象。以此为基础建构的华夷二元对立世界观，对后世产生了极为深远的影响。直到近代，“严夷夏之大防”、“只能用夏变夷，不能用夷变夏”，仍然具有强大的力量。

本书的主旨是探究人类如何把自己分隔成为民族的、各不相同的社会这种趋向。之所以要探究这个问题，是因为人类在区分异与己的同时，又不能不与“他者”交往，在全球化时代，这种交往的广泛性、深入性达到前所未有的程度。作者开宗明义地写道：“如果需要考虑人类区分自己的趋向，也必须关注让人类联合在一起的那些活动。做不到这一点，只能导致对人类事务中民族重要性的错误理解，而对这一重要性的探究恰恰是本书的中心。我们关心的首要问题是：‘民族的存在告诉我们人类怎样的特性？’但是，什么是民族？什么又是民族主义？”如何通过对民族、民族主义的深刻认识而达到人类更好的合作，是这本书的“问题意识”，这本书其实就是要解决这个问题。

探讨、研究民族主义，当然要从什么是“民族”开始。简单地说，民族是由出身情况决定的、居住在一个领地内的共同体。领地，当然是这个共同体存在的必要条件。但仅有领地，还不足以形成民族，因为历史上不断变迁、在一个领地内生活并具有一定文化特征的共同体，才形成民族，或者才能称之为民族。相对统一的文化，为民族提供了稳定性，使其长时间持续存在。民族文化的形成，需要长期的积淀，因此作者提出了“时间深度”这个概念。所有民族都有关于自己民族形成的神话、传说、历史，久而久之，形成了这个民族的、独特的集体意识。历史学家德尔默·布朗（Delmer Brown）有句名言："民族的形成使神话传说更像史实，使真实事件更像神话传说。"同时，在日常生活中，服饰、建筑、歌曲、语言、宗教信仰等等，与神话、传说、历史等一样，都承载着民族这个社会关系赖以形成的功用。从观念上说，民族是一种反映集体自我意识的社会关系。自己的领地与独特的观念，是民族的两个基本元素。也就是说，民族是一种既有时间深度，又有领地界限的社会关系，这种关系建立在现实和想象中持续存在的集体自我意识之上。作者对民族做出这种定义："民族是一个具有亲属关系的共同体，具体地说，是其成员之间由于出生境况相同而形成的密切关系、占据广阔领地、有时间深度的共同体。"

作为一种意识形态，民族主义比其他意识形态更强调传统、强调传统的同质性、强调保持传统的纯洁性。然而历史说明，传统并非一成不变的，因为许多传统本身也是"发明"的，只是久而久之这些"发明"、"创新"、"创造"，不知不觉也就成了"传统"。

例如圆筒形的"土耳其帽"被认为是土耳其的传统，已经演变成土耳其的符号。然而，它曾经是"反传统"的符号。19世纪30年代，苏丹马赫默德二世在军事改革方面采用欧洲军事训练法，聘用了英国海军军官为海军顾问、普鲁士军官做陆军军事顾问。在行政机构方面，他将原来传统的机构改换成西方近代的政府各部，特别是设立了外交大臣、内务大臣、财政大臣等官职。为了表明开放的决心，他命令官员要穿欧式西裤、大礼服和黑皮靴，百姓戴的穆斯林头巾也被废止，规定一律戴一种圆柱形无边毡帽。这种帽子由于没有帽沿，所以宗教祷告时前额照样可以方便紧贴地面。显然，这是穆斯林头巾与西式有沿帽之间的一种妥协，但它的推行仍因其“反传统”而遭到维护传统者的强烈反对，在国家采取强硬的行政手段后才开始流行。

后来，土耳其的“改革派”与“保守派”间的激烈斗争一直不断，曲曲折折，反反复复，终于在1908年爆发了要求君主专制立宪的“青年土耳其”革命，最终在凯末尔将军领导下，于1923年建立了土耳其共和国。虽然凯末尔集种种大权于一身，但改革还是遇到了强大的阻力，为表示改革的决心，凯末尔在1925年下令禁止戴传统的土耳其礼拜帽，而要求戴礼帽、鸭舌帽等各种欧式帽。但近百年来，圆柱形红色礼拜帽已经成为神圣的宗教和奥斯曼帝国的象征，几乎人人都戴。1925年初，凯末尔却发动了对礼拜帽的批判，8月，凯末尔本人头戴巴拿马帽到几个最保守的城镇视察，表示告别传统。为与凯末尔保持一致，政府机关忙向官员发放欧洲式大礼帽。11月，做出了戴土耳其礼拜帽是犯法有罪的规定！这一规定引起了社会上的强烈不满，在一些地方甚至引发了公开抗议和骚乱，但都被凯末尔镇压下去，其中一些人还被处以绞刑。终于有不少人开始戴各种欧式帽，在百姓中最流行的是鸭舌帽，因为在作礼拜祷告时可反过来把帽沿朝后戴，前额依旧可以贴在地上。

而中国的“辫子悲剧”，其惨烈程度远远超过了土耳其的“帽子风波”。清军入关不久，为表示自己的“天下已定”，即强令汉族男子改变千百年的束发传统而剃法蓄辫，限定十天之内“尽使薙发，遵依者为我国之民，迟疑者同逆命之寇，必责重罪。

若规避惜发，巧辞争辩，决不轻贷”。如“已定地方之人民，仍存明制，不随本朝之制度者，杀无赦！”有的地方限三日剃完，有的则关起城门强迫一日之内全部剃完。清军到处宣称“留发不留头，留头不留发”。在“头”与“发”之间，许多人却是宁愿“留发”也不愿“留头”，端得把“传统”、“民族特性”看得比身家性命还重。当清军占领南京后，江南不少城镇“结彩于路，出城迎之”，有的还用黄纸书“大清顺民”四字贴于城门。虽然有人组织反抗，但下层百姓参加者并不多。对大多数小小老百姓来说，在哪个王朝统治下都是一样吃饭干活，一样交粮纳税。然而，当薙发令下来后，渐趋平静的江南又开始骚动不安起来，下层百姓纷纷参加反清斗争。江阴、嘉定百姓的反抗尤其强烈，清军对这两处的镇压也格外残酷，血腥的“嘉定三屠”便有几万人被杀，全国其他地方因此被杀者难以胜数。经过极其野蛮的屠杀，“远近始剃发”，剃发留辫在血泊中为汉人接受。

二百年间，蓄辫这原本靠血与火、刀与剑强迫汉人背叛原来“束发”传统而接受的“新生事物”居然成为“正统”、成为难以撼动的“传统”，成为中国人、中国特色的象征。反清的太平军因不剃头、不留辫而被视为大逆不道的“发逆”、“长毛”。1895年孙中山剪辫易服表示反清革命也被多数人咒为叛逆。辛亥革命时期，章太炎以军政府名义起草《讨满洲檄》，列数清王朝的种种罪恶，其中一条就是：“往时以蓄发死者，遍于天下，至今受其维系，使我衣冠礼乐、夷为牛马。”革命党号召百姓剪辫，但仍有许多人依然恋恋不舍，于是革命军只得在大街小巷强迫行人剪辫子，成为时代一景。

土耳其反对戴穆斯林头巾传统的礼拜帽在百年之内就演化

成了“传统”；中国反束发传统的剃发蓄辫在两百年之内也演化成了“传统”。“帽子”与“辫子”终于多年媳妇熬成婆，成为具有民族特性的“传统”、“正统”，成为一个民族凝聚共同记忆、价值的象征符号。显然，传统、民族特性等本身也在不断变化之中，不少传统、民族特性其实开始也是“反传统”、反原来的“民族特性”的，是人为强迫“植入”之结果。

无数史实证明，几乎没有不变的传统。斯蒂芬·格罗斯比就此提出了一个尖锐的问题：“为什么传统的呈现是对各种亲属关系的肯定？或者说为什么要利用传统来建立各种亲属关系，把一群人和另一群人区分开来？”在对历史上传统的变革与维护这种矛盾现象作了深入分析后，他的结论是在民族关系形成的过程中“一个遥远的、常常带有神话色彩的过去，抑或一个人们认为史无前例、无从查证的情况，在时间的帮助下又一次把民族关系的独特性合理化了”。他进一步指出：“强调民族历史悠久并不意味着真正相信民族的独特性，这也许只是算计着如何利用民族矛盾。”

斯蒂芬·格罗斯比总结民族主义的特点是：“它相信民族是唯一值得追求的目标；这种断言常常导致一种信念，即民族要求不容任何质疑和任何妥协的忠诚。这种关于民族的信念一旦成为主导，便会危害个体自由。另外，民族主义经常宣称其他民族是自己民族不共戴天的敌人；它把仇恨植于外来物，无论对方是另一个民族、一个移民，还是一个可能信仰另一种宗教或说不同语言的人。”但是，民族主义的多重面相他也没有忽视。他指出，20世纪两次给人类带来深创巨痛的世界大战，民族主义难辞其咎；但在二战后反对殖民主义、民族国家纷纷独立的大潮中，民族主义则厥功至伟。民族主义通常被认为是落后的，但加拿大和英国可是最发达地区，魁北克、北爱尔兰的民族分离运动仍有不小市场。

他承认，民族问题、民族主义是非常复杂的现象，源远流长，与现实利益紧密纠结，成为学者现在遇到的空前棘手的问题。因此，本书的核心问题是考察民族的存在说明了人类怎样的特性。民族持久性和重要性的一个原因是人类对生存力，尤其是人类本源的关注。由此而围绕本源形成种种关系，其中一种就是民族。为了生存形成不同的民族，发展出民族主义。他强调，不同民族的生存不应是非此即彼、你死我活，而应是共生共存。如何做到这一点，他寄希望于良善的政治："政治的任务不是去否认这些主导人类行为的不同目的。毫不妥协地维护一种目的，并以牺牲其他目的为代价的行为，只能导致完全着迷于一种要么是民族主义、要么是原教旨主义的意识形态表达。""政治的任务是出于对社会集体利益——尽管难免有些模糊——的关心，通过理智地践行文明美德来对不同目的所要求的不同生活方式做出巧妙地裁决。"

目 录

致　谢

很多学者关于民族和民族主义的著作，都影响过我对这些课题的思考。其中约翰·哈钦森、安东尼·史密斯和爱德华·希尔斯这三位尤其值得一提。从约翰·哈钦森那里，我学会更加欣赏文化符号体系在民族形成中的作用。而安东尼·史密斯的重要著作，对所有想了解民族和民族主义的人来说，应该是一个起点，因为史密斯对整个这一研究领域的问题作了梳理。过去这些年间，我也反复阅读爱德华·希尔斯的作品，每一次都对他的深刻见解有更好的把握：所有的社会，都由创造力、纪律、对事物的接受和拒绝这些因素连续不断地相互作用而形成；同时，人类的不同追求形成了不断变化的场景，映衬着这些因素的互动。我感谢埃尔哈特基金会资助的研究基金，让我有时间完成这本书。

第一章

问　题

民族的存在为什么如此重要？纵观历史，人类按照不同的标准形成各种群体，把“我们”和“他们”区分开来。其中一个群体就是民族。成千上万——其实是数以百万计——的人，在捍卫自己民族的战争中丧生，就像那些在20世纪第一次和第二次世界大战中牺牲的战士一样。20世纪，也许是最残酷的世纪。为什么理解民族的概念如此重要？原因之一就在于，人类有把自己区分成各异的，常常是相互冲突的群体的趋向。

人类形成大型的、按领地区分的社会群体，可见于我们最早的文字记载。底格里斯河和幼发拉底河流域的苏美尔文明，在大约公元前2500年，就用文字记载着这样的观念：“苏美尔之子的弟兄”——也是苏美尔人的“种”——和外族人是不同的。公元前16世纪，埃及人也认为自己有别于他们东方的“亚细亚人”和南方的“努比亚人”。

我（埃及法老卡摩斯）要知道我的权力有何用途……

> 我端坐于此（底比斯），却看着亚细亚人和努比亚人割据埃
> 1 及的土地……一个人向野蛮人纳税，受其剥削，是无法安生
> 的。我要与他们决战，剖裂其腹。我要拯救埃及，惩治亚细
> 亚人。
>
> ——摘自法老卡摩斯的演讲

从战国时期（公元前481—前221）到秦汉时期（公元前221—公元220）的早期中国著述，把自称为上等的中国人和那些他们认为连外族人都不如的狄和戎区分开来。《创世记》第十章里承认领地和语言把人类分割开来，于是有了古代以色列人所说的“外邦人”。

> 这就是闪的子孙，各随其宗族、语言、所住的土地和邦国。这些是诺亚儿子们的宗族，各随其支系立国。
>
> ——《创世记》10：31—32

公元前5世纪，历史学家希罗多德肯定了希伦人[①]“共同的希腊性”。

> 这就是我们共同的希腊性：我们血脉相承，语言相通；我们［斯巴达人和雅典人］拥有共同的祭祀神灵的庙宇和相同的祭品；我们的习惯在共同的成长经历中

① 古希腊人。——译注，下同

形成。

——希罗多德,《历史》 2

柏拉图和亚里士多德把人类分为希伦人和野蛮人（*bárbaroi*），即来自小亚细亚的蛮夷。希腊语“*bárbaros*”大概是拟声词，最初是指小亚细亚人说的、希伦人听不懂的外国话。可是，在希腊波斯战争之后，它多了一些轻蔑的语气，直到今天我们在使用“barbarian”这个词时还有这样的意味。后来，柏拉图在描绘理想国时，描述了一种亲近感，这种感情把所有生为希伦人的人们凝聚在一起，仿佛他们都是同一家庭的成员。他因此认为，那些野蛮人不仅对于希伦人是陌生的，而且“天生”是他们的敌人。

我断言，希腊人种就其本身而言，自成一族[如同一家人]，且相亲相近；对野蛮人而言，是陌生人，是异类。那么，当希腊人与野蛮人、野蛮人和希腊人打仗时，我们会断定他们在进行战争，他们天生就是敌人。

——柏拉图,《理想国》

柏拉图用“人种”（*genos*）一词来指让所有生为希伦人者凝聚在一起的亲近感。《圣经》里希伯来语“*gôy*”和希腊语“*génos*”所指的那些社会具有什么特征？这些社会和出身、领地有关，也以某种方式——某种亲属关系——相互关联着。这些古代社会是“民族”吗？

一个群体把自己和其他群体区分和对立的这种分裂状态，一直持续到21世纪初。车臣人和乌克兰人认为自己和俄罗斯人不同；库德人把自己既和伊拉克人又和土耳其人区分开；台湾人寻求和中国大陆不同的生存方式；斯洛伐克人和捷克人不同，
3 并各自成立自己的民族政府；一些人认为克什米尔不是印度的
一部分；等等。本书旨在探究人类把自己分隔成我们称之为民族的、各不相同的社会这一趋向。

认可了这一点，还必须承认人类表现出的另一种趋向。当人类从事的活动，与他们的出身、地域、语言似乎不太相干的时候，这些活动便不会拘泥于人类内部的分隔，而是把人们聚集起来。例如，科学家关心对宇宙物理事实，如光的特性的理解。光本身不是英国、法国或德国的，也不存在英国、法国或德国的科学方法。只有科学。要说有所谓种族的或民族的科学方法，就像希特勒坚信有“雅利安人的科学”一样，是对科学本质的背叛，因为它加进了与理解宇宙的物理层面不相干的因素。另外一些把人们聚集在一起的典型活动及相关理念包括一神教和商务活动。再者，历史上像罗马和奥斯曼这样的帝国，也竭力把他们的人民联合成不同于民族的政体；由此，个人在认为自己是一个特殊民族的一员时，也会认为自己是人类的一员。

正确考察“什么是民族”的问题，如果需要考虑人类区分自己的趋向，也必须关注让人类联合在一起的那些活动。做不到这一点，只能导致对人类事务中民族重要性的错误理解，而对这一重要性的探究恰恰是本书的核心。我们关心的首要问题是：“民族的存在告诉我们人类怎样的特性？”但是，什么是民族？
4 什么又是民族主义？

许多人错误地把“民族主义”当作“民族”的近义词。民族主义指的是有关民族的一系列观念。任何一个特殊的民族，都会对自己的民族性格持有不同的观点。因此，这些关于民族的不同的、相互争斗的观点，常常表现为不同的政治立场。一些人会认为他们的民族代表个体自由，其他人则会为了民族安全而牺牲个体自由。有些人会欢迎移民，并支持简化移民成为本国公民的手续；另一些人则会对移民抱有敌意。再举个例子，想想今天在印度的争端。这个民族中的一些成员，对自己的国家抱有狭隘的、不包容的态度，坚持认为只能有一个宗教即印度教；还有一些人认为，印度应该有宗教自由，让穆斯林、锡克教徒和基督教徒都成为他们民族的合法成员。

民族主义的特点是，它相信民族是唯一值得追求的目标；这种断言常常导致一种信念，即民族要求不容任何质疑和任何妥协的忠诚。这种关于民族的信念一旦成为主导，便会危害个体自由。另外，民族主义经常宣称其他民族是自己民族不共戴天的敌人；它把仇恨植于外来物，无论对方是另一个民族、一个移民，还是一个可能信仰另一种宗教或说不同语言的人。当然，人不需要以这种方式看待自己的民族及其与其他民族的关系。

不同于民族主义，民族是一种特殊的社会。但什么样的社会是民族？这是下一章将要探究的问题。

但是，要进一步弄清我们所说的“民族”和“民族主义”，除了第一章里提出的问题，还牵扯到其他相关问题：什么是社会关系？什么是领地？什么是亲属关系？以及历史上民族的出现； 5
民族与宗教的关系；人类把自己区分为不同民族的趋向。以上
每一个问题都将在下面的章节中讨论。 6

第二章

什么是民族？

> **民族是由出身情况决定的、居住在一个领地内的共同体**。一个人生来就属于一个民族。民族是历史上不断变迁、在一个领地内生活并具有一定文化特征的共同体。正因为生来就属于一个民族这一生物事实极被看重，民族是人类几种亲属关系的一种。它不同于其他亲属关系形式，比如家庭，因为其核心是领地。它也不同于其他拥有领地的社会，比如部落、城邦或各种“族群”，因为它不仅占有更大范围的领地，而且有相对统一的文化为民族提供稳定性，使其长时间持续存在。

民族的这一定义，有一些复杂情况需要仔细考虑。

时间、记忆和领地

民族的出现，是多种历史进程的产物。因此，把它当成工程

师设计的一件产品，试图确定某个特定民族产生的确切时间，是毫无意义的举动。让我们来看看其中的缘由。任何民族都有其 7
历史前身，或是部落，或是城邦，抑或是王国。这些早期的历史社会，是构成民族的重要部分。比如，英格兰民族就是从撒克逊人、盎格鲁人和诺曼人的早期历史社会中演化而来的。然而，这些历史前身并非只是简简单单的事实而已。因为对民族存在起关键作用的，是每个民族成员共同拥有的、对自己民族以及民族前身的记忆。

举例来说，如果没有对以色列人出埃及、对摩西和他的铜蛇的记忆［该物件一直保存在耶路撒冷圣殿，直到希西家王统治时期（公元前714—前686）］，没有对大卫和所罗门的统治的记忆，就不会有古以色列民族；没有对撒克逊王阿尔弗雷德（849—899）以及“圣明法典”（“good old law”）的记忆，就不会有英格兰民族。同样，对皮雅斯特（10—12世纪）及其王国的记忆，是波兰民族形成的因素；对大和王朝（4—7世纪），以及伊势神宫里太阳女神——天照——崇拜的记忆，也同样是日本民族形成的因素。

然而，这些记忆所描述的事件并不一定合乎事实。比如，古代以色列人对出埃及的描述中提到的十个灾难、日本天皇是太阳女神的后裔这一说法等，就属此类。每个民族对自己的过去都有独到的理解，而这种理解都是通过故事、神话和历史传达出来的。无论合乎史实与否，这些记忆都有助于理解各个民族互不相同的现状。正因为对过去的理解构成了现在的一部分，民族的概念才有一个时间成分，这是它的一个特征，被称为民族的“时间深度”。

图1　祭祀日本太阳女神天照的主要圣所，位于伊势

8 这些记忆也构成人对自我的认识。个体在家庭或不同教育机构等各种环境中发展心智的过程中，会寻求各种触手可及又动态变化着的传统模式。比如孩子学说本民族的语言，也在沿袭本民族的习俗规范过程中，懂得作为其中一员的意义。这些传统被纳入了人对自我身份理解的过程。如果一个人和另一些个体对自我的认识中包含相同的传统，这个人就会觉得自己和他们有关联，并意识到这一关系。这种关系就是“集体意识”的含义，例如都居住在同一个地方、都使用同一种语言等。“集体意识”并不是指人们像一群蚂蚁一样，是生物本能的集合，有整齐划一的思想。它指的是一种社会关系，这种关系是因为其中每
9 一个人都遵循同样不断变化的传统而形成的。

当人们从事同样的传统活动，并且把自己与那些没有参与的人区分开来，就会产生一个人们自称是共有的思想体系，叫作“集体自我意识”，亦即特色鲜明的文化。一种传统的特质与其他任何传统都有着截然不同的识别特征，这些特质构成社会关系之间的界限，使我们得以把“自己”和“他们”区分开。回到我们刚才的例子，那些接受并因此而参与以色列人出埃及的传统的人们，把自己和不这样做的人区分开；信仰日本太阳女神的人们把自己和没有这种信仰的人区分开；使用一种语言的人认为他们和使用另一种语言的人不一样。**民族是一种反映集体自我意识的社会关系**。

这种独特的、共有的自我意识，通过民族这一社会关系中个体的日常行为反映出来，同时也受到这些日常行为的影响，比如人穿的衣服、唱的歌、使用的语言、信仰的宗教等。这种集体自我意识，也被各种社会公共机构的建筑支撑着，例如古代以色列耶路撒冷圣殿、日本的伊势神宫、英格兰的议会大厦等，都承载着民族这一社会关系赖以形成的各种传统。这些公共机构的建筑为民族提供了一个支架。因此，民族围绕着人们自称的共同思想体系产生，而这一思想体系又通过各种机构的建筑得以彰显。

然而，民族赖以形成的共有的传统不仅与一段独特的历史有关，还与这段历史发生的地域有关。个体间的关系一旦偏重于地域因素，地域便成为区分个体间不同的标准。一个地方的居民认为自己和那些对这个地方有归属感的人有渊源，地方在这里就不纯粹是一个区域，而是一个具有特殊意义的空间，或者叫“领地”。通常归属感都与在一个领地内出生有关。人们因
而认为自己和在同一地方出生的人有着某种渊源，哪怕他们出 10

生在自己之前。在这种情况下，就有了**在一定领地上形成的“民族”，而且人们通常认为这个民族由来已久**。这就是“民族”这一术语的定义。民族和地域的这种关系还在一些词汇上反映出来。这些词汇既指一个地方，也指居住在那里的人们，只是词形稍有变化而已。比如England（英格兰）—English（英国人），France（法国）—French（法国人），Germany（德国）—Germans（德国人），Canada（加拿大）—Canadians（加拿大人），Kurdistan（库尔德斯坦，本意就是“库尔德人的土地”）—Kurds（库尔德人），等等。这种词形变化蕴含着如下理念，即一个民族拥有自己的土地，一方土地养育了在那里生息的民族。民族是一种既有时间深度，又有领地界限的社会关系。

寻求并宣称拥有过去的历史及其发生地域的这种做法，在与一定地域相关联的历史和当下之间，建立了一种持续性。由于这种持续性，当下秩序的存在被视为理所应当，因为当下必然包含它的过去。例如，20世纪早期，很多犹太人认为，现在的以色列只能在地中海东面区域，因为那里是他们的过去——古代以色列——存在的地方。这种过去地域和当下地域间的持续性，又为个人及其在世界的位置提供了一种理解。当一个人说“我是英国人”时，言下之意常常是承认自己有各种特征，比如在英格兰的领地上出生，使他成为英国人。

然而，有助于形成自我形象的特征（和承载这些特征的传统）有很多，且千变万化。显然，并非自我的所有方面和人建立的许多社会关系都与他是民族一员有关。如果一个人是科学家，他会认为自己是国际科学家共同体的一员，与其他人一起追求物理、生物或数学真理。如果一个人信仰基督教或伊斯兰教这种世界范围的一神教，他会认为普天之下与他持同样信仰的教徒都是他的兄弟。然而，民族存在的核心，是人类依据领地组成不同社会群体的取向。**民族是一种领地关系，这种关系建立** 11
在现实和想象中持续存在的集体自我意识之上。

民族、亲属关系和共同体

通常还有其他一些对民族的理解，也支持着关于其持续性的观点。这大概可以理解为与永恒的，因此也是持续的宇宙秩序有关，这一秩序通常是众神的行为所致。例如，僧伽罗人相信，斯里兰卡是一个独特的佛教圣地，因为佛陀曾在该岛游历；或者美利坚合众国体现了《独立宣言》中宣称的上帝的旨意。民族的持续性还常常被理解为，其成员源自一个共同的祖先。例如，古代以色列人相信他们是亚伯拉罕的后裔；日本人相信他们是第一个皇帝的后裔；罗马尼亚人相信他们是古代达西亚人的后裔；而在中国，人们相信有一个汉族。这些所谓同一血统的观点，很多情况下并没有事实根据，但在历史上却反复出现。如何解释这些观点的长期存在？这些观点又怎样帮助我们理解什么是民族？

人们注重生存力（vitality），也就是关心生命自身的繁衍、传承、维持和保护。围绕这个重心而形成的社会关系，最显著的便是家庭。然而，民族中许多单个的家庭对自己的理解仅限于此；因此，民族持续到将来，也意味着家庭持续到将来。我们从历史和人类学领域关于人类的一切中得知，人们总是不仅组成家庭，还组成规模更大的群体，家庭只是其中的一部分。父母不仅传给子女“血肉”，还传给他们文化传统——语言、习俗等等，这些文化传统同时也是更大的群体，即民族的传统。父母通常认为， 12

这种传统对他们的生存极为宝贵。这种代代相传的、自己的文化，也许是人们趋向于把民族视为一种亲属关系的部分原因，因为传承给子孙后代的，是人自我的一部分。但是，这种趋向还有另一个原因。

如前面讨论的，在一个领地内出生，也被认为是成为民族一员的标准。这样，就有了对两种承袭的同时认可：降生在民族领地内，对民族关系的承袭；和为属于该民族成员的父母所生，对血亲关系的承袭。出身这一标准，以及由此产生的可追溯的关系，足以说明为什么民族是一种亲属关系。

> 亲属关系是指被认可的、可追溯的直系或旁系血亲。例如，孩子与其父母有关系，乃是因为这个孩子系他们所生，由此被认可为他们的后代。更广泛的血统关系也得到承认，结果有了姑姨、叔舅、堂亲表亲之称。

这一事实并不是说这样的观点更可信，即德国人是古代条顿部落的后裔，或者日本人是天皇的后裔，或者有一个汉族存在。所有的民族都是经过长时间不同人口的融合形成的，而且所有的民族都有外来移民。尽管移民要变成一个民族的成员，通常必须经过一个“自然化”的法律程序，也就是说，他们必须被改变成仿佛他们就出生在那个民族的领地内一样。

出生地这一焦点，让民族以亲属关系群体的形式延续着。
13 民族和民族主义领域的多产学者安东尼·史密斯试图在论述中捕捉亲属关系这一点，他恰如其分地把它归结为民族中的“族裔”成分。

和民族相似，人生来也属于一个族群。因为这一出身特点，族群和民族常常被认为是一种“自然而然的”社会关系。尽管如此，这两种形式的亲属关系都包含其他文化传统，如语言和宗教，这些文化传统是社会关系之间的界限。族群和民族有时很难清楚地区分开来：族群往往强调自己是一个所谓共同祖先或一群祖先的后裔，好像这个族群就是一个大家庭；而民族注重的是世世代代在同一领地内繁衍生息。重要的是认识到，亲属关系是一个模糊的概念，因为它是相互关联这一认知方式的结果。通常，任何民族都包含很多族群。

民族是一个具有亲属关系的共同体，具体地说，是其成员之间由于出生境况相同而形成的密切相关、占据广阔领地、有时间深度的共同体。“共同体”指的是个体某种程度的自我意识，比如一个人认为自己由于出身而必然地、持续地和其他人相关联。“共同体”最明显的例子便是家庭，一个人总是和这个家庭的其他成员相互关联，尽管家庭成员之间会有矛盾。理解民族的重要一点就在于要懂得这种把一个个体与另一个个体紧密相连的关系，不仅存在于家庭，也存在于领地广阔的现代民族中。

有人认为，由于这种持久的密切关系，民族标示了无任何冲突的联合体的一种田园状态。这种对民族的浪漫理解，可见于18世纪约翰·戈特弗里德·赫尔德和19世纪约翰·戈特利布·费希特的作品中。然而，没有一个共同体是毫无冲突的。即便在一个家庭里，也会有嫉妒和仇恨。乡村常被视 14

为浪漫共同体的典型而极具吸引力，其中也因为有多种不同的观念而导致冲突。有朋友，有敌人，各个团体因为从事不同的经济活动、追求不同的利益而相互区分，如农民和商人，通常还有互相争斗的家族。

与这种对民族的浪漫理解不同，民族内各成员所追求的目标都不尽相同，甚至相互矛盾。亚当·斯密在《道德情操论》（1759）中精妙地捕捉到了这些相互矛盾的追求。他评论道：

> 有许多诚实的英国人，就个人来说，他们丢掉一个几尼[1]比国家丢掉梅诺卡岛更让他们深感不安。但是，如果保卫这个要塞是他们的职责所在，他们宁愿上千次牺牲自己的生命，也不愿由于自己的过失而让它落入敌人之手。

问题是如何解释私人利益和自我牺牲这两种情感的共存。

人类的行为似有许多无可比拟的目的。甚至人们对一些问题——比如“美丽”——的理解也无法用实用性来衡量。尽管如此，人们仍可以同意亚里士多德所说的，“每一种伙伴关系，都出于某种利益而结成”，从而单独考虑民族的定义功能。然而，单独考虑这一定义功能本身就是一种抽象，它掩藏了民族形成中无法避免的多种不同因素，掩藏了任何一种社会关系持续存在的诸多因素，比如对主宰他人的权力的角逐。强调了这一限定条件之后，民族的特点就围绕着“我们”和“他们”在分类上的区别特征，这种特征来自对出身情况赋予的意义，是由于降生

[1] 1663年英国发行的一种金币，1813年停止流通。

在民族的领地上而形成的关系。因此，那个“我们”便为民族添加了一层亲属关系，意味着生命在一片共同的土地上繁衍生息，而且这种地域观念代代相传。

爱国主义

对生存力的极力关注，表现在设定各种各样的限制和界限，以区分相应的、表明各种不同生存力的社会关系。人们在自己和别人的孩子之间划分界限，人通常不像爱自己的孩子那样爱别人的孩子，也不像爱自己的民族那样爱另一个民族。人在认可和热爱所谓自己的东西方面的局限性，是人对自我生存极力专注的结果，这其中既有生物的，也有文化的成分。人用“爱国主义”这个词来标示对自己民族的爱。

“爱”这个词被广泛用来指人对民族的依恋，其实并不完全达意，因为我们也用同一个词描述对情人、孩子、朋友和神的依恋。事实上，有些人还真诚地爱着全人类。这个词的广泛应用，表明在这些形式的爱中，个人都为他者放下——或“超越”了——自己的私人利益。但是，正确理解这种种依恋的特点，不仅应该考虑其共有的、超越自我的行为，还必须考虑这些依恋的不同对象。因此，也许把爱国主义理解为忠于在一个领地内生存的共同体会更有意义，这样可以把一个人对情人或孩子的爱与对民族的“爱”区分开来。人对自己的民族怀有爱国之情，常
常有不同的原因。因此，一个具体民族在其历史形成中包含的 16
因素也是不同的。比如，一个人忠于自己的民族，可能是因为它的律法、习俗或宗教。对应于这些不同因素，通常有关于民族的许多不同甚至相互冲突的观点。然而，一个无法逃避的事实是，

个体常常偏爱自己的民族同伴。

这种偏爱，不必表现为憎恨那些非本民族成员的人，或者对他们持有偏见。爱国主义不必否定民族成员不断变化、各不相同的追求，也不必拒绝接受民族成员关于民族的不同理念。这常常是民族主义的表现。从爱国主义包含的人对国家兴旺的责任感来考虑，它其实为解决民族各个成员间的分歧，提供了一个基础。其中包括合理协商，找出折中意见。它也出于对促进国家兴旺的关心，解决成员间在民族应如何发展方面的分歧。通过折中的方法解决这些分歧的过程，就是政治。关心民族的兴旺，包括愿意协商和解，是民族成员间文明相处的关键，也使政治成为可能。

> 当人把世界分成两个互不相容、不断争战的阵营，将自己本民族和所有其他民族对立，把后者视为自己不共戴天的敌人，就产生了与爱国主义截然不同的**民族主义**的意识形态。民族主义拒绝接受文明方式及其对分歧的包容，试图消除一切不同的观念和兴趣，以维护关于民族历史及现状的一家之言。例如，法国民族主义包含的理念也许是，要成为法兰西民族的良民，一个人必须憎恨英格兰和日耳曼的所有事物；不这么做的人，都非“真正的”法国人。

17

民族主义丝毫不懂得折中；它试图扫除总是在生活中实际存在的许多复杂情况。作为一种系统的、不妥协也不现实的世界观，民族主义的意识形态出现较晚。例如德国哲学家约翰·戈特利布·费希特所著《对德意志民族的演讲》（1808），以及后来一些作家如德国历史学家海因里希·冯·特赖奇克（1834—1896）和法国记者夏尔·莫拉斯（1868—1952）的作品。或许在更早时期的作品中已经可见这种意识形态的潜伏。例如，罗马老伽图（公元前234—前149）曾记录过对所有希腊事物的憎恨。

民族的形成

民族占据相对广阔的领地，表明它在寻找和建立一个媒介。它一边是岌岌可危的、孤立的部落或城邦，可能被更大的社会群体征服；另一边是显然无可逃避的、官僚暴政体系之下的帝国统治。民族共同体占据一定的领地，拥有共同的文化和对这种文化的尊崇，为夹缝中的民族自治创造了条件。欧内斯特·勒南在《什么是民族》这篇论文中写道：民族的存在，意味着以前各类人口因为很多共性长期聚居在一起，也意味着在一片领地上生活的人们因为有共同的习俗和法律而紧密相连。

民族因而具有两面性。如法国社会学家多米尼克·施纳佩尔所述：一方面，民族渴望自己的领地持久存在，注重领地内由出身情况决定的社会关系；这筑就了民族是一定领地范围内的亲属关系这一特征。我们可以把两面性中的这一面归结为，民族是对一个有限制性的传统的接纳，这种传统把一个民族和另一个民族区分开来。另一方面，民族的形成，也指原先不同的地区合并为同一民族的领地，以及各地区相应的人口合并成一个 18
民族。这种合并由多种因素引起，例如历史流传下来的、不断发展变化的对民族自身的理解，有关土地的法律，统一的宗教，通常统一的语言，以及让这个民族长期持续下去的、各种机构组成的权威中心（如伦敦是英格兰的中心，它有国会这一机构）。两面性中的这一面，代表人类行为的一种大幅度的创新趋势，即用当地法律、共同的文化和对领土范围内民族的忠诚——爱国主义，在一定程度上取代当地以往的习俗。民族代表传统和创新之间一种艰难的平衡。

民族领地往往覆盖多个不同地区。范围较小的乡村、城市和地区持续存在，被其居民视为民族的一部分。因此，统一的民族文化只是相对的；它很少统一到让乡村、城市和地区居民不再认为自己是自己家乡的人。然而，在爱国主义热情膨胀时期，如战争期间，乡村、城市和地区的居民的民族之情就会成为主导。但这种情况也只是时断时续的。

由于民族呈现的只是相对的文化统一，常常很难把它和其他领地上的社会群体划分清楚。人们总想避免这个困难，因而按照文化统一的程度，形成各种标准，把一种形式的领地关系和另一种区分开来。举例来说，概念上似乎有些含糊不清的“族群”（ethnic groups），并不具备权力中心或各种机构来维持其统一的文化，应该把他们和文化上相对统一的民族区别开来。比如古代远东地区的阿拉姆人，或早期中世纪汪达尔人、阿瓦尔人和皮克特人，甚至文化上更具连贯性的社会，如古代希伦人或苏美尔人。
19 尽管这些划分不无益处，但应避免对此过分强调。因为历史上民族形成的过程从来都是复杂的，这就使此类划分在任何具体情况下都较为困难。例如，大不列颠包括英格兰、苏格兰、威尔士和北爱尔兰，人们该怎样定义它呢？库尔德斯坦、克什米尔或魁北克应该叫作地区、族群、“民族前身”，还是民族？

这些问题反映的复杂性，表明我们研究的是对自我理解的曲折过程，亦即在总是较为复杂的历史进程中形成的共同的自我认知，即集体自我意识。

再说回来，我们使用的“民族”一词，表明一个相对统一的地域文化长时间持续存在。因此，让这种文化持续存在的一些因素是可以确定的。民族需要相对广阔的、有疆界的领土，或代表这一领土的形象，这通常包括自封的名字、权力中心（含有各种机构）和通常建立在共同语言、宗教和法律之上的相对统一的文化。但是，史实表明，这些特征中每一点都不是绝对的、完全的。相反，它们反映的是利益、现实和机构发展变化的过程，而这所有的过程都充满了不确定和矛盾因素。

民族、国家和帝国

人承认自己是民族一员，只是对自己身份的多种表述之一。形象地说，这只是多层自我意识中的一层。这层意识承认自己和领地内其他人的亲属关系，但不一定说明他与其所属的国家政体有相同的政治和法律立场。 20

> 国家可粗略地定义为一种体系，它通过各种机构对领地行使主权，利用法律将领地内的个体联系起来，成为该国家的成员。

国家决定的法律和政治关系，和领地内有亲属关系和统一文化的民族共同体不同。例如，奥匈帝国和苏联就包括很多民族。而且，民族在没有国家的情况下就已存在，如19世纪的波兰和今天的库尔德斯坦。

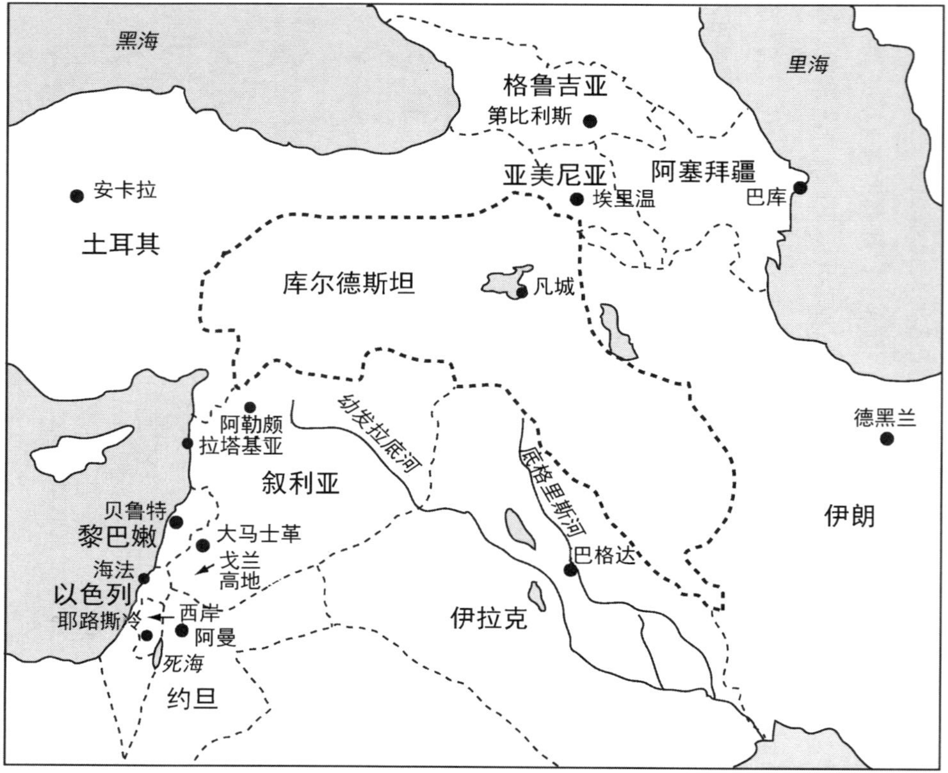

图2　库尔德斯坦，因境内主要是库尔德人而命名，但也覆盖了伊朗、伊拉克和土耳其部分疆土

区别民族和国家的必要，并不意味着这两种群体关系之间没有复杂的联系。一方面，民族长期以来通过国家行使并扩大主权而得到稳固。例如，12至16世纪期间法兰西民族的扩张，从卡佩王朝统治下的法兰西岛，到今天法国领土覆盖的西到大西洋、南到比利牛斯山的范围；北边和东边的疆界，长年以来由于爆发战争而变化不定，这常常是民族和国家形成的重要因素。

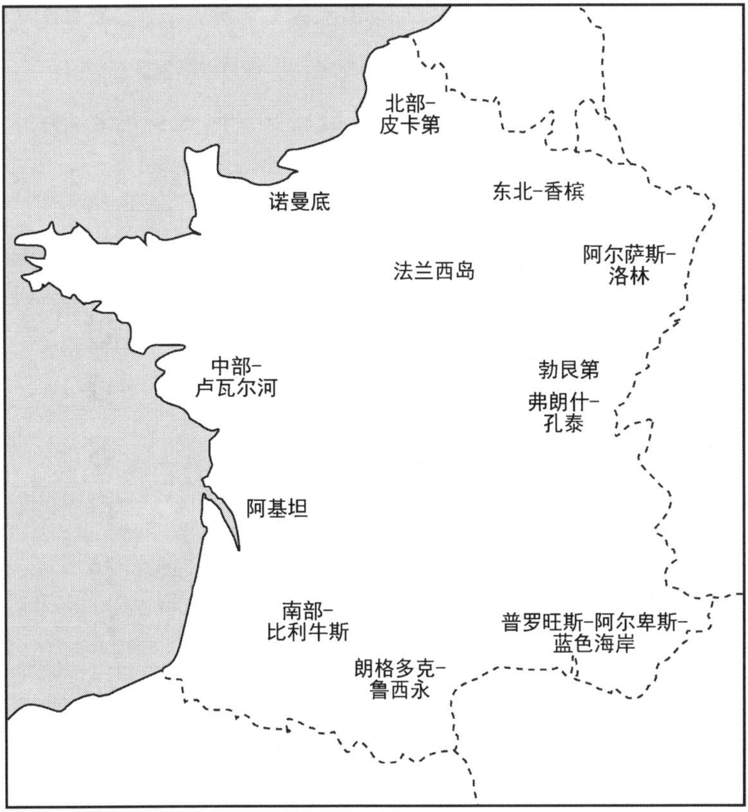

图3　法国的地区

就法兰西民族而言，巩固民族稳定并不遮掩各种各样、有时
很显著的各地区本土观念。事实上，历史上鲜有一个民族只由
一个国家管辖，或一个国家只管辖一个民族的情况；世界上很多
国家都被清晰划分为不同地区，这些地区有时看上去是“民族前
22 身”，如加拿大魁北克或西班牙巴斯克地区。

尽管如此，国家依然行使主权，并在辖区内制定和实施法
律，从而把各地区纳入其法律约束范围。而且，其有效统治还靠
在国家权力范围内规范交流媒介，即语言和文字得以实现。例
如中国幅员辽阔，地域多样，“中华民族”之所以形成，就是因为
早在公元前221年秦始皇统一六国之际，在丞相李斯的主导下，
规范了汉字的使用。同样，大约在公元405年，亚美尼亚实现了
23 文字统一。

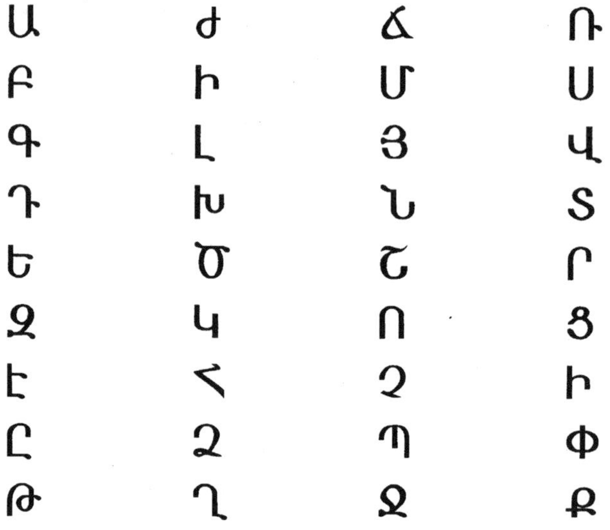

图4　亚美尼亚字母表36个字母，由梅斯罗普·马什托茨在大约公元405年创立

国家统治中心也推行其他文化政策，例如信仰并在统治范围内传播特定的宗教，常对领地内的文化统一起到巨大作用。这一点在东正教身上表现明显。信仰东正教的每个民族都有自己的圣徒和教堂，如塞尔维亚东正教教堂有圣萨瓦。

然而，相对统一的领地和民族文化的稳固，并非只是国家统治中心对管辖的各类人口推行一种或一系列特殊政策的结果。相反，采纳这些政策，常常需要统治中心有意维护一直存在的传统，如语言、宗教或法律条文。统治中心选择推行的具体政策，很少是突发的、随意的选择，仿若异想天开，即便有些是对以往
传统的大胆变革。例如，公元1501年，萨非王朝的伊斯玛仪忠于 24
先前存在的什叶派伊斯兰教传统，把波斯从信奉逊尼派伊斯兰教的奥斯曼帝国划分出去。历史上每个长期稳定存在的国家，都通过对领地有效行使主权，明确维护以往的传统，并对其进行变革。换言之，尽管国家有别于民族，它也促进形成了领地内有亲密关系的共同体，即长期以来形成的民族国家。

国家和民族这两种人类关系模式互相重合的现象，有一个例外，那就是帝国，其中包括很多民族。我们当今目睹的，是欧洲联盟这个帝国的出现。

帝国的扩张受文化的限制并不明显。其疆界常常由军事原因决定。例如，中国于公元前221年始，在蒙恬将军的指挥下建造了长城；罗马帝国在不列颠境内的西北边界是哈德良长城；还有公元732年，查理·马特在都尔附近击败了王子阿卜杜·拉赫曼指挥的穆斯林军队，阻止了伊斯兰的扩张。这种不太有节制的帝国主权扩张，如果威胁到辖域内建立在领地内亲属关系之上的各民族的利益，这些民族就起来反抗，坚持自己的独特文

化和政治独立。例如，朱迪亚人在公元66到72年间，后来又在公元132到135年间对罗马帝国统治的反抗，以及20世纪印度对大不列颠帝国的反抗。这种对帝国公开的政治反抗，是因为它剥夺了各民族决定自己事务的自由，比如通过争取自决权所表达出来的。然而，追求独立的民族“自身”究竟具有什么特性，却总是很难说清楚。因为这个民族“自身”正处于形成过程中，
25 如当今在北爱尔兰、克什米尔和马其顿的情形。

独特的文化通过政治自治得到发展，让我们反向思考历史上民族与国家的关系，亦即民族试图变成国家这种情况。从民族到民族国家的变化应该怎样理解？关键是，为什么趋于发生这种变化？

民族试图成立国家，是因为有必要保护和延续其成员的生命，即民族能够通过其代表和机构，在世界范围内保证自身的安全和延续。如果民族国家（因为军事上的失败或其他原因）未能实现这个目标，它便面临着解体的危机。因为该民族的成员会停止效忠自己的民族，之后出现新的效忠对象，从而破坏民族的存在。尽管这种情况会发生，究竟民族形成国家，还是国家促成民族，其实并不重要。因为这两个过程同时存在，只是不同民族具体情况不同而已。

历史上民族国家的形成，不论是从国家到民族，还是从民族到国家，都历经无数种民族情结的纠缠和民族发展的不同进程。如上所述，这些复杂情况的后果之一，就是很多民族国家都包含明显的地区本土情结，甚至包含着其他民族。这再一次说明，围绕领地关系形成的民族，在文化上只是相对统一。对这个问题
26 的探究，还需要探讨社会关系的特征。

第三章

作为社会关系的民族

民族是由人类创造的。但是，要确切了解民族，就需要把它和其他形式的人类创造区别开来。民族具有“社会关系”的形式。为了弄清这种社会关系的特征，从而更好地理解什么是民族，我们可以把这种社会关系与另一种形式的人类发明——工具——作对比。

工具，比如锤子，是一种物质实体，是手的延伸，其目的是让人类劳动更有效地改造外部世界。我们可以把民族理解为安排生活的工具。例如，一些进化生物学家认为，亲属关系是为利益交换而建立的一种机制，因为交换发生在相互信任、有亲属关系的个体之间。但是，把民族描述为一种工具，无论有何益处，都模糊了这两者的重要区别。让我们来思考另一种社会关系形式——两个人之间进行问候的习俗，以进一步区别工具和社会关系这两种形式，从而弄清民族作为后者的特征。 27

社会关系

两个志趣各异的人偶遇，他们仅仅是“打个照面”，因为他们只是毫不经意地碰到对方，此时还没有产生社会关系。但如果一个人向对方伸出手，这两人就不再只是打个照面了。他们此刻在“参与”叫作握手的问候习俗。这时，两个人就通过问候习俗及其表现形式发生了社会关系。这种社会关系的构成因素是什么？第一，是问候习俗的含义。某种意义上这两个人“发现”了这一习俗的含义。他们发现的含义存在于何处？存在于他们群体中每个人的意识里；大家都承认并接受握手是两个个体间相互认可的传统。第二，是通过握手习俗建立的社会关系具有怎样的表现形式。它通过活生生的人来呈现，使这种习俗具体化。

活生生的人作为社会关系的呈现媒介与工具截然不同。工具是没有生命的。如果锤子未被使用，它就只是一个工具，是用铁和木头这两种材料制成的。工具作为物体，即便和使用它的人分开也能继续存在。与工具相反，问候习俗所确立的社会关系之所以存在，要靠它的呈现，这种呈现继而又需要承认和接受握手的含义。而且，这一习俗不能脱离参与并建立社会关系的个体而独立存在。因此，社会关系具有双面性：它既发生在个体之间——问候的习俗通过两个人而成为现实，同时也超越了个体范围——
28 两个人通过参与握手的习俗，认可并传递了该习俗的含义。

同所有社会关系一样，民族是靠活生生的人建立的。与工具不同，民族无法脱离创造它的人而存在。如同个人发现了握手这种问候文化，通过呈现这种文化来维持握手的习俗，民族也是通过个人参与来肯定其领地内的传统。这些传统主要存在于群体中每一个体对自身的理解，比如自己出生在一个特殊的领地。这就说明了为什么民族是共有的自我意识的表现形式，即前一章里描述的集体自我意识。可以肯定，还有其他各种民族机构，也体现并维持、推广着这些传统，例如教堂和法院。而这些民族机构也围绕着接受并呈现这些传统而形成。民族结构既在个体之间，也超越了个体。

人出生后，必须把自己融入已有的民族之中，在其死后该民族仍继续存在。“已有”和“继续存在”的时间特征说明，民族社会关系赖以形成的传统，如民族语言，超越了个体的限制；也就是说，传统的存在不依靠任何个人。在这种意义上，传统是“客观的”。尽管民族社会关系所维护的、超越了个人的传统也通过诸如史书和各种符号、纪念碑和旗帜这些有形物体来传达，但使用“客观”这个词，不一定意味着传统是有形的物体。

传统如果不再被接受，不再被每一代人肯定，那么有关民族的史书、纪念碑或象征符号，便仅是一种存在而已。例如，亚述 29
国王提格拉·帕拉萨三世（公元前744—前727年在位）的编年史，或赫梯王哈图西里一世（公元前1650—前1620）的编年史，不过是历史学家研究古代近东历史所感兴趣的物件而已。罗马的象征SPR——“Senate（元老院）、People（人民）和Republic（共和国）”的首字母组合——只是研究古罗马的历史学家感兴趣的东西。同样，亚述语、赫梯语和拉丁语因为不再被使用而“死亡”。

和以上例子相反，像美国《独立宣言》这样的文书，或华盛顿市内的林肯纪念碑、巴黎的凯旋门或伦敦的白金汉宫，都还不是过去社会已经“死亡”的东西。

某种意义上它们是“活的”，因为它们代表的传统由于继续被承认而得以传承。这些传统由于被一种自我意识承载，必须反复得到每一代人的肯定，才能让民族持续存在。民族（部分）

成员对传统的承认具有偶发性，并有主观色彩。民族传统需要依赖成员对传统的反复认可才得以持续，这说明民族传统从形式到内容都是趋于变化的。与锤子不同，民族传统的形式和内容不完全稳定或“固定”，因此只是相对客观的。

传统的修改和缔造

当然，习俗可以改变。因为不再被承认、被施行，习俗渐渐消失，或遭到有意拒绝。同样，超越了个人的民族传统和体现这些传统的机构也在变化。一个民族可能像英国人那样，把代表其传统的政治体系从君主制变革为君主立宪制。也可能像18世纪末的法国人那样，把传统彻底推翻。后一种情况是君主制的
30 传统以及支撑它的机构不再被认可，这一传统也就失去了它的合法性。在政治理论范畴，这种合法性的丧失也称为“同意的撤销”。一旦发生这种情况，民族便面临解体的危险。这不是因为“人民”这一民族社会关系的呈现者不在了，而是因为一些人不再愿意承认自己是该民族的成员了。

有时候，承载民族传统的习俗好像不需费神就呈现出来，例如人的穿衣风格，或唱的歌的类型。但是，对传统的反复肯定从来都不是不加思考的、一成不变的重复。肯定传统并使其薪火
31 相传，必然包括对传统的改变。传统历经改变，是由于现在的一代人发现自己所处的形势总是和上一代人不同；新问题的出现，相应引发新的兴趣点。通常，这种不可避免的改变就像语言的变迁一样几乎不易觉察；革命爆发时，偶尔也有剧烈变革。无论哪种情况，都说明没有哪一个民族像用无生命的材料制成的工具一样绝对稳定。

图5　巴黎凯旋门

从事民族和民族主义研究的学者认为，传统历经改变是不争的事实。他们列举各种不同的、常常是激进的变革来说明历史如何被选择、被重述，以表达传统是被“缔造”的观点。支持这一观点的一个例证是苏格兰格子裙。其前身是系着皮带穿的、露腿的连体格子外衣。格子裙则是18世纪的发明。尽管格子裙出现较晚，它仍被描述为一直持续至今的古代苏格兰高地文化的象征。与之相似，格子呢是每个苏格兰高地家族都使用的、有独特图案的布料；它通常也被认为历史悠久，但其实是在19世纪早期才出现的。这些事例有助于说明民族（及其习俗）不是一直都存在的、统一的结构。因此，把统一的英格兰民族或大不列颠等同于凯尔特亚瑟王时期的社会（公元6世纪早期），显然是不足取的。

然而，只把注意力集中在所谓传统的缔造上，会忽略由民族
32 的存在引发的、有助于我们理解人类行为的其他问题。除了了解传统的缔造，了解历史被选择、被重述是为了解决今天的问题（例如17世纪，为了建立一种古老、持久的荷兰集体自我意识，荷兰人选择并重述了塔西佗史书中记载的巴达维亚人反抗罗马的历史），人还面临着解决这些课题的任务：为什么人类为了维护现状，对传统既孜孜以求又剧烈变革？为什么传统的呈现是对各种亲属关系的肯定？或者说为什么要利用传统来建立各种亲属关系，把一群人和另一群人区分开来？

变种：族群和公民民族

从前面一章我们看到，所有社会关系变换不定的特征，突显了为定义民族提供确切标准的难处。即使是同一民族中成员的标准，从一个民族到另一个民族，也都在长时间内历经不同程度的变化，如不断变化的移民法和公民法。有时，民族国家中的成员因为生身父母而被承认是该民族的成员；但通常情况下，是因为此人出生在被视为该民族的领地之内。前者常用来指民族中的“族群”概念，后者则是民族中的“公民”概念。这一区别可能产生重要的政治后果。

出生在领地内这一“公民”标准，更可能为法律面前人人平

等和自由创造条件。因为所有出生在民族国家领地内的人，无论其父母的背景、语言或宗教信仰如何，都是该民族的成员，并因此享有公民权。然而，不可过分强调民族概念中的“族群”和“公民”成分，因为所有民族的历史发展都包含这两种成分。事实上，确定民族成员的标准通常会有变化，这取决于在某个特定时期一个民族是移民的源头，还是移民的目标。重要的一点是 33
承认所有民族都处于一定程度的变化之中。

民族社会关系只是相对稳定——即在一定时间内持续——这一特征，不单是由于当代人和前辈们面临的任务不同。那些超越了个体的、相对客观的思维，是民族社会关系赖以形成的思想体系的核心或中心。这些思维支撑着民族的传统，而这些传统也不是整齐划一的。其中既有对维护领地内民族生存和亲属关系的注重，也有经济交换，还有可能与民族生存及贸易都存在冲突的宗教信仰。例如17和18世纪出现的重商主义，以及发生在第一次和第二次世界大战之间的经济保护主义，都曾认为民族的兴旺，需要通过征收进口关税对自由贸易实行限制来实现。宗教信仰有时也为经济活动设置障碍，比如基督教禁止收取贷款利息。不同的传统伴随着不同的目的，它们无章地交织在一起，形成了充满张力、只是相对稳定的民族中心。这一中心内不同传统之间的关系也在变化，有时一个传统可能随时变得比其他传统更重要。例如战争期间爱国主义的爆发或许会超越一神教对人类间兄弟情谊的信仰。

前一章谈到民族有双面性：基于亲属关系、具有限制性的传统，以及为了创造更广泛的文化而对这些传统的普及和变革。如战争、宗教和经济往来等无数因素都会淡化乡村或地区范围

34 的地方观念，增强对更大领地范围的民族的归属感。还有一个因素是由被认可的权威中心推行的法律，如“当地法律”（law of the land）的出现覆盖到那些乡村和地区，从而淡化了地方观念。我们在这里的任务就是要考察法律如何成为广阔领地内民族形成的一个因素。

法律和民族

首先应该承认，成文法法典的发展并不总是产生在广阔领地内对整个民族都适用的法律。中东信奉伊斯兰教的地区在很长的历史时期内都没有这样的法律。在政治上属于帝国体制的乌玛政体（共信者公社）存在期间，反而有多种多样的律法——哈乃菲派、马立克派、沙斐仪派、罕百里派，每一种都出自对伊斯兰教法——沙利亚法——的特殊阐释。尽管在某一特定地区，其中一派的律法可能比另外三种更普及，但穆斯林仍可以从中做出选择。同时并存的不同法律，只能是民族领地形成的障碍，因为民族的统一需要在领土范围内推行一种权威法律来实现。因此，中东信奉伊斯兰教地区的人们在很长历史时期内或效忠自己出生的乡村，或效忠乌玛；他们通过如苏非派之类的宗教机构，在两种效忠对象之间徘徊。

然而，伊斯兰中东地区确实出现了法律的创新，解决乡村和世界共信者公社这两极间的关系。例如通过法律手段（the *hiyal*）来创立商务公司并介入不同地方和地区之间的贸易；这些法律手段不直接来自伊斯兰教法——沙利亚法。而且，伊斯兰中东地区确实偶尔出现大范围的统一，其中两个例子就是伊朗人和柏柏尔人统治的马格里布地区，尤其是摩洛哥。奥斯曼帝国的土耳其人和埃及的马木鲁克人的军事冲突（1250—1517）大概也能说明，即便在世界共信者公社范围内，仍有为捍卫自己 35
领地而引起的争斗。尽管如此，渗透于伊斯兰教文明的不同法典，以及保守的塔格利德法律宗旨（归顺伊斯兰教传统），都有自己的“当地法律”，从而成为民族巩固的障碍。

当然，也要观察其他形式的法律关系。许多研究给人的印象是古代和现代社会之间有一个剧烈的历史断层。与此相反，从上古到中世纪一直流传着无数书写成文的法律规范。事实上，法律史学家R.C.范·卡内冈对中世纪的法律作过论断，那个时期的法律数不胜数，且极受重视。中世纪欧洲产生了多种文字著成的法律文本，其中有拉努尔夫·格兰维尔的《论英格兰王国的法律和习惯》（1187）和布拉顿（亦称布雷克顿）的亨利的《论文》（1260）。法律被写进书本，即传统通过物质的形式“显形”，其重要性在于，它使传统更加稳固，因而更长久地延续下去。传统的物质表现有不同形式。例如在古代近东，通过字母书写，也通过把《圣经》翻译成科普特语[①]（公元4世纪）、亚美尼亚语（公元5世纪）、古斯洛伐克语（公元9世纪）和法语（公元12世纪）等各种文字，语言变得稳固。传统还通过建筑的形式呈现出来，例如古代以色列的耶路撒冷圣殿，还有中世纪英格兰的坎特伯雷大教堂。这种现象的发生，更大可能地使基于物质形式的传统而建立的社会关系变得稳固，这种稳固是民族文化出现所必需的。

促使形成欧洲中世纪时期领地格局的法律谱系很抽象，但我们还是可以考察一番。

① 一种埃及古语。

36 首先，教堂规定的教会法在这个谱系之外，因为它是信仰耶稣基督并奉其为救世主的信徒们的法律，其效力超出了领地界限。这并不否认中世纪教堂不可避免地作为宗教机构参与对世间事务的管理。例如公元11世纪末的“主教叙任权之争”，就是为了决定大主教和国王谁更有权任命主教。尽管如此，除了强调教会法对欧洲共同体传统做出了贡献之外，我暂不考虑其他因素。

在法律谱系的一端，人们看到意大利北部那些从领地上来看界限分明的城市公国，和德国境内独立的地区政体。这些公国和地区政体虽然有完善的地方法律规范，却没有一个像权威的高级法院或立法机构这样统一的中央，能通过自己的法律机构，把不同公国和政体联合成一个民族。再看谱系的另一端。法国13世纪重新出现了一个强权君主之后，的确有统一的中央，其中包括皇家法院和巴黎高等法院。这些中心以及以“限制教皇权力主义”著称的法国天主教大教堂的出现，都极大影响了占据广阔领地的法兰西民族的形成。与意大利北部境内的公国和德国境内的独立政体相比，人们看到法兰西民族在13世纪末出现的过程较为完整。尽管如此，法兰西王国在法律上仍呈现出多样化态势。12世纪罗马帝国的法律在法国南方地区再次盛行，与北方地区形成对比，从而使法律的多样化更为显著。然而，早在12世纪末期，英格兰则出现了另一种不同模式的法律关系，让人看到了其民族法律的出现。

与国王及其亲属和家臣的私人关系，或与封建体系中地方贵族和其下属之间特有的私人和上下级关系不同，在中世纪的
37 英国，这种关系被经由国家法律确立的更为广阔的领地关系削

弱了。在亨利二世统治期间（1133—1189）和以后的时期，法律制度的发展说明了这一点。当时，中央出现了一个由职业法官组成的永久法院（御前会议），地方法院出现的分歧越来越多地由中央派出的巡回法官，依据国家法律来裁决。而且，到了亨利二世时期，陪审团机构（起先由一个公共官员召集一批邻居，宣誓如实回答某个问题；但到13世纪初，陪审团成为由同伴裁决的一种方式）在英国各地被接受，因而在裁决过程中有普通民众的参与。这些法律发展产生的结果是，在整个英国，作为民族及其法律代表的国王，以及国王的代理人（巡回法官），被视为个人和公共财产以及权力的保护者；他们保护的是“国王的和平”。

其他法律方面的发展，包括组建国家军队，也支持建立领地内的民族关系。这可见于国王亨利二世于1181年颁布的《武器法》。国家军队中不仅有配备坐骑、盔甲的富人，也有“那些只需要弓箭”的穷人。召集穷人应征入伍，是国家在法律上对地方贵族及其臣民关系的又一种干预。这一法律和军事上的发展，其结果是更大范围地增强了保卫国家的责任感。在战争中共同效力让人意识到，所有的穷人和富人不但是自己地方共同体的一员，也是国家的一员。技术的发展也促进了由穷人组成的步兵对国家的效忠。13世纪末开始使用力量强大、可刺穿盔甲的长弓，这使穷人步兵在军事上比骑兵更有优势。

后来，1215年英国订立了《大宪章》，基于其中第14条，到 38
1295年成立了国会立法机构，由全英格兰各郡和城镇的代表组成（这与巴黎高等法院不同，后者主要指具有裁决职能的法院和法国三级议会，1614到1789年期间没有召集）。

图6　可以刺穿盔甲的长弓

由于这些法律发展，英格兰民族共同体的领地关系出现了，其国王要受法律约束。可以肯定，其他社会在不同历史时期也期待法律能有这样的发展。如历史学家弗里茨·科恩所述，德国中世纪法律赋予人抵抗国王的权力；《申命记》第17章中提到，在远古时期，古代以色列国王对法律的服从也显而易见。但
39 是，正是在中世纪时期的英国，这些发展表现得极为显著。

当然，也有很多复杂情况使领地概念变得模糊，如威尔士、苏格兰、爱尔兰，还有亨利二世对法国安茹和诺曼底的统治。民族国家的创立还有其他一些复杂情况，例如宗教的纷争导致国王下令处决坎特伯雷大主教托马斯·贝克特（1170）和托马

斯·克兰默（1556）；政治冲突导致英国大法官托马斯·莫尔（1535）被处死和克伦威尔领导的革命。这些例子再次表明，民族社会关系的稳固只是相对的。重要的是，一个公共的、统一整个领土的国家法律传统在英国人的集体自我意识中建立起来；虽然偶尔受到军事威胁，但维护这一传统的机构最终也相应建立起来。

英国中世纪法律发展的情况表明出现了一种法律准则，这种准则被持续不断地用于治理由它确立的东西，即一个民族的领地关系。显然，难以预料的政治因素（例如有野心、有实力的国王意欲扩大其势力范围）影响了民族在领地内建立统一的法律机制。而且，法律有时也顺应自身的、常常是极为偶然的发展轨迹。例如，通过英国普通法（“普通”的意思是，它适用于整个英国）传达的英国“圣明法典”的传统，在《大宪章》中得到承认和肯定。人们只能设想，假如在普通法传统被肯定和确立之前，罗马帝国的法律在欧洲大陆复兴时危及英国，那么中世纪英国的法律和民族的发展将会多么不同。之所以这样设想，是为了认识到，有许多看似偶然的因素也会促使民族发展变化；也是为了认识到，坚持认为民族发展只有一种主要原因是多么有悖于事实。 40

由于国家层面的法律不断在全国实施，把之前有文化差异的人口融合成为一个民族，它在这种意义上扩展了社会关系。但这种扩展受到民族两面性中的另一面——亲属关系——的制约，尽管亲属关系覆盖的空间广泛，又受到领地的制约。人的身份限制法律的持续实施。这不是指一个人是贵族还是附庸，而是指他是不是英国人。从13世纪开始到1870年，外国人不能在英格兰拥有真正的财产，也无权寻求地方法院的庇护。人们普遍认为，所谓英国的土地只能属于英国人。

民族的定义，是由出身情况决定的、广阔领地内的一种关系。我们进一步认识到，作为一种覆盖领地范围广泛又受到制约的社会关系，民族形成的目的是为了繁衍、传承和延续生命。民族以民族国家的形式存在，就成为保卫生命的一种机构。可以肯定，即便有些社会关系的主要目的是为了生存，但如果只看到它延续生命的作用，就很难对社会关系有透彻的理解。这样理解民族也同样有所欠缺。甚至对家庭这一延续生命、在历代人之间传递财富、传承宗教的典型形式，这样理解也是欠缺的。这再次证明，人类的追求是多种多样的。人类生活中面临的问题也是多方面的：如何面对死亡，男女之间的矛盾如何解决，个人与社会的关系应该如何，怎样理解人类存在和宇宙的关系，等等。这些问题和生活中的其他问题，以及与之相伴的多种传统混杂交织在一起，形成既统一又多元的中央，围绕这个中央又形成不同的民族共同体，每一个民族对这些复杂的问题都有自己的回应。

民族常常被比喻成家庭，有时其实被认为是某种大家庭。
41 这可以理解，因为民族和家庭关系都是亲属关系。但是，它们还有一个重要区别。要理解这个区别，需要更详细地考察领地和
42 亲属关系之间的联系。

第四章

母国、父国和祖国

有兴趣理解民族和民族主义的人们，必须考虑日常用语中广泛使用的一些词语。具体地说，即母国（motherland）、父国（fatherland）和祖国（homeland）。这三个词语中每一个都由两个单词组成。第一个和第二个词，分别把“母亲”（mother）和“父亲”（father）这两个表示孩子的生身父母的单词与“土地”（land）相结合，传达了一个广阔却又受到亲属关系限制的领地形象。第三个词“祖国”（homeland），把“家”（home）——家庭居所以及婴儿孕育、抚养、长大成人的环境——与一个更广阔的领地形象结合起来。这种合成词表明，亲属关系是一个区分标准。这一亲属关系围绕着特定的领地而发挥作用。

这三个词共同表达了人的“故土”概念。这在所有历史时期和所有文明中都可见，从《圣经》中的希伯来语 *‘ezrach ha ‘arets*（本土人），到古希腊语 *patris*，到拉丁语的 *patria*（父国），和阿拉伯语 *mahabbat al-watan*（对祖国的热爱）中的 *watan* 一词 43
（原本指人出生的乡村或城镇，后指民族国家）。这三个词在具体时期出现，不一定都表示民族的存在。但是，它们都用来指人出生的地方，或是乡村，或是部落的领地，或是民族国家。这三个词的持续使用，标志着特定的土地也是人自我认识的一部分。他认为自己与同样也把这片土地视为故土的人密切相关。这样，亲属关系的标准得以延伸，人对自己的分类和衡量不仅是家族遗传的结果，也是在特定领地内出生的结果。

古代近东地区的游牧部落也有领地观念。牧人们常用具体的城镇或地区命名自己的部落。早期文明时期，“祖先家园”（house of the ancestor）这样的社会也是领地亲属关系的典型。其中，城市王国被定为国家创立者的“家园”；古代马里（公元前18世纪）还有按照族群和地理情况聚居的盖垩木（*gayum*）部落。其他文明和历史时期的例子还包括古希腊的城邦、中世纪英国的村邑或乡镇，以及现代的民族国家。

“民族”这一英语词源自拉丁语名词*natio*，*natio*又源自拉丁语动词*nasci*，意思是“出生自”（它又衍生出拉丁语名词*nativus*，即“本地人”）。因此，拉丁语的*natio*和*nativus*，还有上面列举的《圣经》中希伯来语的*‘ezrach*（本地人）和阿拉伯语的*watan*，都是指人的来源。至于这些来源是什么意思，却没有准确的说法。之所以缺乏准确的定义，是因为尽管从父母方面追溯而来的家族关系和由领地确定的关系有所不同，这两种亲属关系并不互相排斥，在历史上也无明显界限。这两条标识血缘关系的线在历史上总是相互交织的。领地又是如何成为亲属关系形成
44 的因素的呢？

“母国”“父国”和“祖国”这些词把家族遗传和领地概念联系起来，其主要含义是指，一种文化从一代传到下一代是领地内

传承的结果。把对父母的情感象征性地归给一个领地，还有事实甚至生物学的依据。因为土地以蔬果等形式为父母繁衍生命提供必需的物品，从而使生命得到延续。领地情感中隐含的是承认土地本身为生命之源，如柏拉图在《美涅克塞努篇》中详细叙述阿斯帕西娅关于“祖国母亲”对人实实在在的养育的演说时所说的。

> 他们是大地的孩子，在自己的土地上安居生息……我们是对的，应该首先赞美他们的土地母亲……女人用乳汁哺育自己幼小的子女来证明母性，我们的土地也如此证明她是人类的母亲；在那些岁月里，只有她首先带给我们小麦和大麦这样的食物。
>
> ——柏拉图，《美涅克塞努篇》

把土地描述为母亲或父亲，是承认其孕育能力。当然，不同历史时期、不同文明对这种承认的表达也不同。远古时期通过对土地神或众神的承认来表达。另一方面，尤其相对于犹大派基督教文明而言，伊斯兰文明在历史上比较排斥把领地和父母的形象联系在一起；人们用奶和蜂蜜的形象象征古代以色列土地的孕育能力。对“母国”和“父国”词语的广泛使用，标志着 45
对这种能力的含蓄承认甚至在今天还依然存在。

家和家乡

把父母的特质赋予无生命的物体（土地），也可见于另一个例子，即我们日常用语中对“房屋”（house）和“家”（home）

的区分，这也影响了我们对民族的理解。“房屋”这个词对我们而言，大体指一个物理的、空间的构造。它不是家，但有可能成为家。如果“房屋”这个物理构造已经以某种方式被赋予了居住其中的人的精神、力量，甚至道德品质，我们则通常用“家”来表示；仿佛当“房屋”变成“家”以后，也成了家庭的一部分。

现代民族不仅被视为“房屋”，即一个人与人随意交往的空间环境；它也被视为“家”，是一个充满了过去和当前数代人“精神”的空间，是一个家乡，一个领地。这世代相传的精神就是传统，传统把一片空间造就成一个领地，也构建了领地内的民族关系。特定领地内的传统文化指引着参与者的行为。例如，僧伽罗人把他们的领土视为圣地斯里兰卡；林登·贝恩斯·约翰逊总统把美利坚合众国的土地描述为盟约的一方，仿佛这片土地是一个有道德水准的人。

46

> 那些勇敢却惶恐的流亡者和陌生人［清教徒们］到这里来寻找自己的同类。他们和这片土地签订了一个盟约。盟约建立在公正和倡导自由团结的基础上，意在有朝一日唤醒全人类的希望。它至今仍将我们团结在一起。我们若坚守其约，必将繁荣昌盛。
>
> ——林登·贝恩斯·约翰逊，《行动时刻》

领地界限从来不仅仅是地理意义上的。它们表明，很多代代相传的传统是在一定空间范围内进行的。例如古希腊城邦的界限由各自庙宇里供奉的神或众神来界定，这种情况不足为奇。

因此，居住在领地内的个体，不仅有相互之间的交往，还参与领地内的传统活动。这些活动又反过来影响他们的行为，包括信仰的神明、使用的语言，以及接受的法律。

领地内的习俗通过各种各样的机构得以维持，也通过沿袭这些习俗使之源远流长。爱国者组织以及各种庆祝和纪念日的活动，都标志着领地内民族关系的存在，比如美国的独立日、法国的巴士底日、英国的加冕纪念日和以色列的大屠杀纪念日。文化传承不能只被理解为像一件穿脱自如的外套，存在于个体之外。它是你对自己的认识，也是你对领地内承袭了同样传统的、密切相关的其他人的认识。

用前一章的术语来说，个体间交往所遵循的、超越了个体习惯的文化传统，以领地的形象作为概念参照。这种形象不仅在空间上范围广，而且在时间上有深度。社会关系中的个体参 47
与者认为自己不仅与现在共同参与领地内文化传统的人密切相关，而且与过去在同一领地内从事同样活动的人密切相关。例如，虽然女王伊丽莎白一世活在400年前，今天她仍被认为是英国人。领地及其历史因而被人视为自己的东西。它属于自己，也属于那些同在这片领地内生活的人。

在一片领地上世代生息的民族共同体这一概念的关键，是拥有过去，并拥有范围广、有界限的领地。显然，并不是过去所有的活动都被视为同等重要，都像传统习俗一样被不断沿袭，并参与促进生成现在的社会关系。然而，其中一些传统被认定为决定了人的生存，其重要性得到每一代人的认可，因而这些传统得以继续“存活”。伊丽莎白一世统治时期，英格兰战胜西班牙。这一点依然很重要，因为英格兰今天的存在被视为那次胜

图7　耶路撒冷大屠杀纪念雕塑，纪念千百万在纳粹死亡集中营中被杀害的犹太人

利的结果。以色列每年都用纪念日承认大屠杀的历史，因为今天的以色列被认为是犹太人的故乡。重要的历史事件常常以纪念碑的形式体现，以诠释现代人对过去的理解。以色列耶路撒冷大屠杀纪念馆就是个例子。

由于认识到人作为领地内居民和民族成员，其生命的存在有赖于缔造领地，即人的家乡的历史活动，便形成了领地内代代相传的亲属关系。这种亲属关系以历史上曾发生的事件为参照，也囊括今天相同的文化传统。

领地内的血缘混杂

既有时间深度又覆盖广阔领地的亲缘关系可以从“缔造民族的先辈们”这一习语反映出来。“领地内的血缘混杂”也由此 48
发展而来，这是对具有领地因素的亲属关系的一种理解。“混杂”隐含着“母国”“父国”和“祖国”的概念，这些概念正是“本土”所要传达的含义。在此，生物意义上的世代相传和地理空间以比喻的方法结合起来。这种情况得以延续，是因为人们认识到，继承领地内的传统是人身份的重要组成部分。确实，作为民族一员（这也是你的自我认识），你的生存是因为先辈们的所作所为保证了生命赖以存活的土地。因此，“父国”“母国”等比喻中所包含的内容就不仅仅是比喻了！

人类依恋故土，包括认可土地的孕育能力，即使这种认可不那么明显，也说明了人类行为的基本特征。我不是说所有人类行为都表达人对故土的依恋趋势，科学、国际贸易和世界宗教都说明有些人类行为并不注重故土；我也不是试图否认民族所具有的就领地来说相当广泛的社会关系是人类历经无数复杂历史变迁之后的创举，其中一些发展变迁会在下一章里考察。我想说的是，人类思想有几个不同的侧重点，但对土地的重视是一贯的，而且在不同时期、不同文明中，对这一侧重的表达也各不相同。

对故土的注重可能有行为规范的成分，其中包含各种各样的适应策略。生命的繁衍生息虽要靠控制一方土地及其资源来维持，这些适应策略却使人能充分利用和分配有限的资源。同样，强调对家的依恋，其中可能也有行为规范的成分。家的界限或其空间限定提供了一个封闭的结构，这似乎是增进亲密感所
50 必需的。人们喜欢熟悉的事物，因为熟悉的也就是已经习惯了的；这样一来，家的熟悉结构提供了舒适的环境，限制了人们必须面对的各种烦心事的发生。在这一点上，动物创建居住空间和人建造熟悉的家园有相似的行为因素。但是，人的家和动物的居所有重要区别。人的家不像蜜蜂的巢，受本能的驱使筑造；也不局限于一个特殊环境，像北极熊只居住在北极地区。人在很多不同的环境中生存并创建自己的家园。虽然人在依照熟悉的模式营造家的空间时包含行为规范的成分，家的空间结构和地理位置的变化说明人的想象力也参与了建造过程。人在自己从未到过的地方建立家园，对它产生依恋之情，把它也视为自己的家，这就是人的想象力参与的结果。

这也正是占据广阔领地的民族家园的情况。民族家园也被视为家；它也是一个让人轻松的、熟悉的建构。从国外回到自己的祖国时，你能感到一种轻松。你再一次浸润在自己熟悉的语言文化环境中。为什么规范着我们的行为、我们称之为“文化”的行为方式——所继承的传统——如此重要，这是原因之一。

占有

民族的存在所提出的问题，不仅有人类社会应当相互区分 51
的问题，还有为什么人会认为拥有广阔领地的民族是“自己的”民族这个问题。人认为一片广阔的土地和一个遥远的过去属自己所有，这种所属感成为亲缘关系的要素。这一所属现象蕴义何在？这个问题的答案，一部分在于继承领地内的文化。但答案还不止这一点。也许情况就像约翰·洛克在《政府论》下篇（1609）中论述的那样，当人制造或拥有一个实物时，这个物体便被认为系此人所有。因为人在与它接触的过程中，也把自己的一部分倾注其中了。对洛克而言，人对物体倾注了劳动，理所应当对它享有所有权，它也因此是此人的财产。但是，我们所关心的所属现象，是洛克没有探究的一面：实物被视为人的一部分这个结果以及物人合一如何成为亲属关系的成因。

人把自己的一部分倾注到物体中，使物体为自己所有，物体也在某种程度上成为自己的一部分时，人的经历就延伸到包含这个实物。自我中包含实物反映在两个层面：一是对这个实物的实际制造，如建造一座房屋或者开垦一片土地。二是对这个实物及其重要性的深刻认识；你的记忆中有很多内容和该物体相关，甚至你对自己的认识，都和该物体息息相关。

显然，并非所有人力制造的物体——例如人造的工具——都是亲属关系形成的因素。但是，和生命息息相关的以及被认为和生命有关的，都可能促使亲属关系形成。这一形成过程中最明显的例子是父母和孩子的关系。因为孩子是父母的一部分，在父母心中，孩子就是他们的延伸，也属于他们。家庭亲属

52 关系的例子相对而言较直接，因为它说明生命在创造另一个生命中得到延续。生物意义上自我的延续有各种各样的形式，比如从母系到父系方面的传宗接代，也是最常见的亲属关系类型。不言自明的是，自我的延续无时不受各种复杂情况的干扰，因为父母给孩子的遗传不仅是生物意义上的，还有在孩子成熟过程中对文化的传承，即继承父母的传统。由于人认识到自己和那些拥有或曾经拥有相同传统的人有亲密的关系，存在于孩子自我身份认识中的传统因而把亲属关系从家庭延伸至更广的共同体。日本、以色列和亚美尼亚的传统都强调传承生物意义上的祖先的文化，这些例子最能说明亲属关系的延伸。

前面说到，人把自己的一部分倾注于一个客体，并因此认为它属自己所有。民族问题引发的理解亲属关系过程中的难点，在于这个客体不是另一个活生生的人，而是一块无生命的土地。但是，土地被视为生命所不可或缺的，不仅对于个人及其家人的生命，而且对于人所属的更大范围的集体的生命都是不可或缺的；同时，土地也是家的所在。人建房时，也把自己的劳动投入一个实物，使之成为自己所有。人开垦土地种植庄稼时，这片土地便成为己有。这两种情况，人都是通过自己的活动，把自我延伸到这些客体之中；但它们不是一般的客体，它们是人自己和家人赖以维持生命的客体。家是家人繁衍生息的地方，也是保护生命安全的建筑。耕地也让生命延续。这很显然是人们为何如此重视家及其周边环境的原因。这些是你与和你密切相关的人
53 赖以生存的建构；你与这些而非其他建构合为一体；因而对空间有了区别对待——**“不同空间，重要性不同”**。

由于对自我生存、扩展和传承的重视，局限人类活动最显

著的因素，是强调父母和孩子的血统关系。人对自己的子女总比对别人的更亲。这是一个原始的事实。但是，对空间的依恋也会严重限制人类活动。这种依恋说明一种熟悉感，人在一个地方和另一个地方的感觉不同，不同的地方对人的重要性不同。不是所有熟悉的地方都被人视为己有，都因此成为亲属关系形成的要素。但有些地方很特殊，例如家是人倾注了自己的实际生活、被视为属于自己的地方，也被视为与自己的生命及其延续密不可分的地方。

考察对家的依恋，是为了更透彻地理解为什么民族——包括其广阔的领地——也是家，是故土。很显然，民族领地如家及周边环境一样，是人熟悉的地方。人作为家庭和民族的一员，从婴儿到长大成人，对这个领地再熟悉不过，包括熟悉各种习俗，从饮食习惯、穿衣风格、所说的语言到国家的法律。这些因素使这片土地成为合法的、统一的领地。法律依据对私有土地的拥有来制定，这在欧洲中世纪早期的法律改革中可见一斑。法律允许封臣或佃户的家人继承封地（土地财产），因而为他们的后代提供了更有保障的未来。钟爱继承的私有封地，钟爱自己的 54
民族家园，会与民族中央（皇家法院）施行的、保护继承财产的国家法律交织混合，从而产生对民族国家的效忠之心——爱国主义。

人对家和对民族家园的依恋既有相同点也有不同点。在这两种情况下，自我的一部分都被置于生命繁衍生息的空间范围。对家而言，主要焦点在父母；对民族而言，焦点则是领地。家庭的确对空间极其依赖，这从居所对家庭的重要性可以看出。居所的四壁为家人遮风挡雨，保护他们的生命不受外来侵害。在历史上的某些时期，部分群体对居所的依赖相当显著。例如，一家人世世代代都在同一座房屋或同一个城镇生活，或者人把父母埋葬在家附近的地方。后一种情况说明，你的一部分——给了你生命的人——确实被置入了似无生命的土地之中。然而，无论家庭对地域多么依恋，在家庭亲属关系中，地域的重要性是第二位的；人们更注重的是，父母是生命之源。

民族尊崇祖先，也尊崇通常早于你几百年前在民族领地上生活的人们。这些人因而被视为这片领地的先驱，他们创建的家园维持着当代人的生活。是他们开垦、耕种了土地，建造了市镇城池，并修建四通八达的交通体系，也是他们曾经保卫这片土地。在民族家园形成过程中，把自己献身于这片土地、开创民族
55 领地的人们和你之间有了一种联系：你同样居住在这块经历了历史变迁的领地上，被视为祖先的人们开创、保卫了这块土地，你是他们的后代。在这种情况下，你的先人把民族自我的一部分置入了这个家园，这一自我通过继承的传统表现出来，而你又认为这些传统在某种程度上定义了你是谁。这种被认可的、以领地为疆界的亲属关系，通过在广阔领地内一种统一的文明生活方式——帝国——呈现出来。例如，罗马帝国在颁布了卡莱卡拉诏书（公元213）以后，向很多帝国居民授予了公民身份。

你想象中在民族家园这块土地上生活的祖先，把你和这个大家园融为一体。先前发生的历史事件及其领导者开创了他们的，也是你的领地，使他们得以生存，也使你得以生存。民族家园中围绕领地而构建的社会关系的时间深度，体现在你对历史人物和事件的重视上。因此，在你的社会和之前的社会之间，有了时间和空间上的连续；在现代民族成员和早期社会成员之间，

也有了公认的亲属关系。其实，人们认可的领地祖先和他们的社会形态，很可能在很多重要方面都不同于当代人及现行社会形态。祖先的很多习俗和法律可能是不同的，他们的宗教也可能是不同的，他们的领地范围肯定也是不同的。领地祖先所理解的自己的民族，甚至可能和你理解的民族也是不同的。按照一百多年前欧内斯特·勒南的说法，领地内先辈概念形成中的一个必要因素，是“对人的历史的错误理解”。在理解民族归属问题上，如何解释“对人的历史的错误理解”？民族和历史是什么关系？人又如何评价它在历史中的出现？这些是下一章要解决的问题。 56

第五章

历史中的民族

考察历史中的民族常常从16和17世纪的英国，或18世纪的美国和法国开始。可见民族是较晚出现的。它是政治活动中民主思想的结果，是工业资本主义引发的社会流动的结果，也是交通和通讯技术进步的结果。这一结论仍需详细论述。

可以肯定，“公民”中的民主理念、产品和服务的广大市场，以及通讯进步，都促进了先前不同地区、不同人口的融合，形成统一的民族共同体。民主宣扬民族成员平等的思想，因而极大地增强了共同体的民族感。产品和服务的广大市场及其所需的发达的交通运输体系，也发挥着同样的作用。维持现代经济精细的劳动分工需要流动的人口，而人口的流动也加强了民族感。人们离开农村去寻求工作和教育机会，他们因此汇聚在大城市里。大学和职业学校由此创办起来对这些人进行教育和培训，其中包括学习民族历史。显然，过去四个世纪以来，通讯方面的
57 发展（印刷书籍、报纸、广播、电视、电话和电影）使有文化的人

增多，也让先前的口头文化及其文字表达通过印刷的形式固定下来，并进一步在民族领地内传播本民族语言，宣扬民族文化。由于语言成为衡量民族归属的“标志”，因此在领地内使用同一语言也使民族更加稳固。所有这些因素都强化着民族集体自我意识中“我”的概念。

但是，这样的分析所筛选的例证，只说明了民族仿佛是历史的新产物。此种分析及所得结论，势必会忽略民族早期的发展状况，如第三章中简要论述的中世纪英国国家法律的出现。这不是本书的思路。必须承认，有些例子也让人们对历史中的民族的理解变得更加复杂。

常有人说，历史常常对民族有着十分不同的表述。事实上也确实如此。任何一个具体的民族，在不同时期都有着不同的解释，例如美国内战时期人们对于民族是什么和应该是什么（以及民族过去是什么）的争论。对民族的表述，在一个民族与另一个民族之间也不尽相同，如使用多种语言的瑞士和使用单一语言的英格兰。民族的出现及其持久存在，在历史进程中不是一个平稳的过程，也不能归结为是由一种原因造成的，比如说它是工业资本主义的要求；同时，也不能把它局限在一段历史中，比如只考虑前几个世纪。让我们对此作进一步分析，首先简单考察一些让人们对历史中的民族的理解变得复杂的例子，看一看处于不同时期、不同文明的四个社会：从杜多伽摩尼国王统治到阿努拉德普勒时期（公元前161—公元718）的斯里兰卡、公元前586年之前的古代以色列、公元7世纪晚期到9世纪——包 58
括奈良时代——的日本，以及中世纪——尤其是14世纪——的波兰。

前现代民族？

僧伽罗人在领地范围内形成民族群体的一个重要因素可见于公元4和5世纪的僧伽罗历史——《岛史》的记载，尤其是《大史》中的记载。人们相信，佛陀曾三次到访斯里兰卡，并将此地从原先迷信、邪恶的土著夜叉部落手中解放出来，把整个岛屿净化成为佛教领地。领地内的僧伽罗民族和佛教之间的关系就这样宣告确立了，佛教因此被认为是基于宇宙秩序，即佛陀的创举而建立的。今天，遍布整个岛屿的佛教寺庙依然在证明佛陀在斯里兰卡过去和现在的足迹。马希延格讷市保留着佛陀的锁骨；萨满峰上可以看到佛陀的脚印化石；更重要的是，康提还存有佛陀的牙齿。

在第二个例子中，人们在古代以色列传统中发现，当时认为盛产牛奶和蜂蜜的地方——迦南——可能不会成为他们的地盘，因为此地被亚纳族巨人、神话中的拿非力人占据（《民数记》13：32—33；《创世记》6：4）。但是，摩西向以色列人保证，这整块土地将归以色列人所有，因为耶和华将带领他们投入战争（《申命记》1：28—30；9：2—3），以完成他们的主对以色列公认的祖先亚伯拉罕的承诺。

在第三个例子中，公元8世纪早期的日本编年史《古事记》和《日本书纪》坚称天皇是太阳女神天照的后裔，日本是由太阳
59 女神的父母所创造的。

最后一个例子是文森提所著的13世纪早期的波兰编年史中讲述的一个故事。故事讲的是斯坦尼斯瓦夫主教的尸体被肢解并分散在当时被视为波兰领地的各个地方以后，又神奇地长

成一体。正如他们的民族一样，一旦其领土统一，就能够复活。

从以上的例子可以看到，神话传说帮助构建了领地内持久存在的民族形象。这些神话传说——亦即毫无现实依据的观念——构筑民族形象，是通过不同方式，在历史上实际存在的社会和公认的宇宙秩序（神的创举）之间建立一种联系。由此，地域共同体的独特性便成为自然而然的事情，从而把该共同体和其他领地的民族区别开来。比如古代以色列不同于埃及，波兰不同于德国。我们将会看到，这些神话传说绝不仅限于远古社会，在现代民族的形成过程中也屡见不鲜。纵观历史上民族的形成过程，其实正应了德尔默·布朗所述：民族的形成使神话传说更像史实，使真实事件更像神话传说。

民族通过历史认识自身，并由此构建民族身份。这里的历史是广义的，包括模糊了事实与有意义的想象之间界限的神话。但是，这种对民族自身的认识从来都是模棱两可的。为什么？现在书写民族历史，总有问题出现，使民族的自我认识变得更复杂。为了应对这些问题，书写民族历史时通常偏重对过去的某种解释，表达的却是对未来的设想。斯里兰卡、古代以色列、日本和中世纪波兰的历史都以不同形式说明了这种情况。

早期僧伽罗人的历史中也写到，佛教武士国王杜多伽摩尼（公元前161—前137）是如何率领佛教僧侣征服信仰印度教的 60
塔米尔人，并在全岛领地内建立佛教统治的。这样我们就能清楚地看到，早期被佛陀征服的土著夜叉部落的神话故事，是为了让后来杜多伽摩尼战败塔米尔人变得顺理成章；早先历史中描述的，有统一领地、统一宗教的岛屿，也让佛教徒国王的统治变得名正言顺。为巩固政权，历史的书写采用神话与史实相结合的方法来描述拥有共同宗教和领地的民族关系。然而，500年后的情况远比历史记载的要复杂得多。佛教国王杜多伽摩尼早期的军事胜利代表了岛屿共同体的理念，这一理念是他们要达到的目标。然而，早期阿努拉德普勒时期的僧伽罗历史记载显示，岛内长期不稳定，南部岛屿罗哈纳和中部阿努拉德普勒王国之间的地域冲突连连，岛屿共同体的理念与此形成鲜明对比。这种不稳定状态又因印度教复兴引起的来自南印度的外来侵略而更加恶化。

古代以色列则借助过去的出埃及的神话故事和与非利士人的战争这样的历史事件，塑造有统一法律、统一宗教、统一领地的“全体以色列人”的民族形象。然而这一民族形象代表的也只是一个要达到的目标。书写希伯来文《圣经》的同时，其实发生了亚述国征服北部以色列王国（公元前722）以及巴比伦摧毁耶路撒冷（公元前586）的历史事件。波兰人关于斯坦尼斯瓦夫七零八落的身体又复活的故事也是为了达到同样的目的。分散的肢体象征着12世纪末13世纪初皮亚斯特王国分崩离析的情景。当时部分国土被条顿骑士团和捷克人控制，身体的复活则
61 象征着皮亚斯特王国领地重归波兰民族所有。

为了普及对当前形势的特殊理解并达到未来的目标，这些历史故事虽然只对过去做出了选择性的陈述，还是显现出其阐释中包含的复杂情况。例如，斯里兰卡岛屿史中一直记载着塔米尔人和塔米尔领地，数世纪以来都有塔米尔王国的存在，其中塔米尔人、僧伽罗人和他们各自的宗教传统相互交融。仔细阅读希伯来文《圣经》我们可以发现，其中不仅对“应许之地”的占据有两种不同的说法，而且对其疆界也有不同的解释。一种解释理想

地描述了以色列人在耶和华的率领下占据了从地中海到幼发拉底河的整个领地，其疆界是模糊的。还有一种通常被视为更符合事实的说法（《士师记》1），认为这块土地是逐渐被（也许是具有“原始以色列人”特征的群体，如加勒布族）征服的；它界限明确，并标明了领土的有限范围（例如《民数记》34：1—10）。

除了当前的形势要求我们重新解释领地内一个民族对自我的认识，民族内部不同传统之间的矛盾也要求如此。佛教武士国王杜多伽摩尼的例子提及他对塔米尔人的屠杀违背了佛教中的非暴力原则，佛家的救赎思想因此被削弱。政治和宗教的矛盾在此显而易见。历史通常会试图尽量减少宗教教义和政治的不一致。例如《大史》中不道德地把塔米尔人描述成比人类低等的动物。

古代以色列传统观念中，以色列是被耶和华特别选中的民族，可以居住在耶和华应许给他们的土地上。这一选择体现在上帝和以色列人的契约观念中，也以神话与史实相结合的形式呈现在《出埃及记》的故事中。很显然，“被选中的民族”这一传 62
统理念延续了以色列民族对自我的认识，即他们和其他民族是不同的。但是，由于被上帝“选中的民族”遭受了战争的失败，而且他们的领土先被外族的亚述人后被巴比伦人占领，以色列人需要重新修正对民族自我的认识。《阿摩司书》中宣称，以色列应该是世界的标准（《阿摩司书》3：2），这样它在历史上与耶和华的特殊关系就得到了肯定：“以色列人哪，我岂不看你们如古实人吗？”耶和华宣称：“我岂不是领以色列人出埃及地，领非利士人出迦斐托，领亚兰人出吉珥吗？”（《阿摩司书》9：7）

特定传统中的矛盾，或民族内部不同传统之间的矛盾，抑或在如何利用这些传统言说当前形势方面的分歧，不一定只发生在古代。这些矛盾和分歧不可避免。因为它们源于人类在宗教、政治、经济方面的不同诉求，以及亲属关系中表现出的对生存力的注重；也源于出现了新问题、新需求。例如，过去25年间魁北克说法语的人们在思考自己是否是加拿大人时，对自我的理解一直处于变化之中。在这段时期，一种传统被认为高于另一种传统；人们书写了不同的历史，一些强调与法国的联系，另一些则并非如此。宗教和政治的冲突的确存在于现代民族之中，例如波兰在何种程度上算罗马天主教国家，而印度又在何种程度上受印度教控制。

问题在于，早期斯里兰卡、古代以色列、公元8世纪的日本、14世纪和15世纪的中世纪波兰，还有像始于高丽时代（10—14世纪）的朝鲜这样的人类社会是否应称为民族。这个问题的答案将决定我们如何理解民族在历史上出现的时间。在这些前现
63 代社会中，人们能看到围绕领地内亲属关系构建的共同体。每一个前现代社会各自存留的历史记载都表明了对民族的一种自我认识，也是一种集体自我意识；这种意识以空间概念为中心，具有疆域界限和时间深度。

反对意见

虽然有的学者承认，这些历史记载了领地范围内的亲属关系，但他们普遍不愿把这些社会称为民族。最主要的反对意见坚持认为，前现代社会里绝大部分人不可能参与一种共同的文化。这种观点认为前现代社会的文化无论在纵向还是横向上都是支离破碎的：纵向层面上存在着人们受教育程度的巨大差

距；横向层面上，文化程度低的群体中，人们的观念信仰在不同的地方也有很大差别。因此，他们还认为这些社会的统治中心与文化上处于封闭状态的偏远地带之间，有着强烈的文化差异和（由于缺乏享有民主的公民参与政治这一现代理念）政治差异。根据这些差异得出的结论是，这些前现代社会并非民族共同体。因此，他们坚持认为，领地内的民族共同体必须基于不断发展的、促进文化统一的因素，如现代通讯、公共教育、广大领地内整齐划一的法律制度和享有民主的公民。

如有人所述的，这一论点有一定的价值。现代化的发展使民族文化有可能展现更多的连贯性和稳定性。我们使用的“民族”一词似乎暗含着这种连贯和稳定，把民族与似乎更模棱两可的前现代社会，比如古代近东的阿拉姆人、汪达尔人、阿瓦尔人和中世纪早期的巴达维亚人区别开来；这些社会也许可以归类 64
为“族群”。

然而，对显然在近代历史上出现的民族所做的结论面临两大难题。第一个难题是现代化的发展也有助于稳固并延续对民族共同体有削弱作用的其他文化群体。这一难题发生在两个层面：一个在民族“之下”，另一个则在民族“之上”。现代通讯和公共教育模式明显促进了原本的多元人口在文化上的统一，使之成为现代民族。但这些模式也使地域文化——尤其是有自己语言的文化——得到稳固和加强，而这种“地域主义”可能导致新的民族出现。在21世纪初的欧洲就可以看到这种可能性，如斯洛伐克和捷克共和国；还有各种要求地区自治的呼声，如英国的苏格兰、西班牙的尤兹卡迪和卡塔兰，以及法国的科西嘉岛。这些现代的、促进文化统一的因素赋予帝国传统以新的活力，因而也同样导致了民族“之上”的、可能削弱民族势力的发展变化。例如，欧盟的出现使得欧洲人权法院这样超越了民族界限的机构得以建立。

第二个难题涉及对前现代社会更细致也更准确的评价。可以肯定，古代世界宗教——尤其是佛教、基督教以及后来的伊斯兰教——的传播让我们怀疑，那些常被认为几乎还没开化的群体之间的文化究竟在多大程度上仍处于封闭状态。我说“被认为”是因为很多古代社会其实都有相当高的文明程度，公元前7世纪的古代以色列在很大程度上就是一个文明社会。考古学家的确在一个古代村落中发现了一件陶器，上面显示早在公元前
65 12世纪就有人尝试使用“希伯来文前身”字母表中的字母了。

古代世界宗教的传播说明，即便在没有批量生产的书籍报纸、没有铁路和工业产品市场的情况下，广泛的关系仍可以在众多人口以及遥远的地域之间建立起来。而且，自远古时期和中

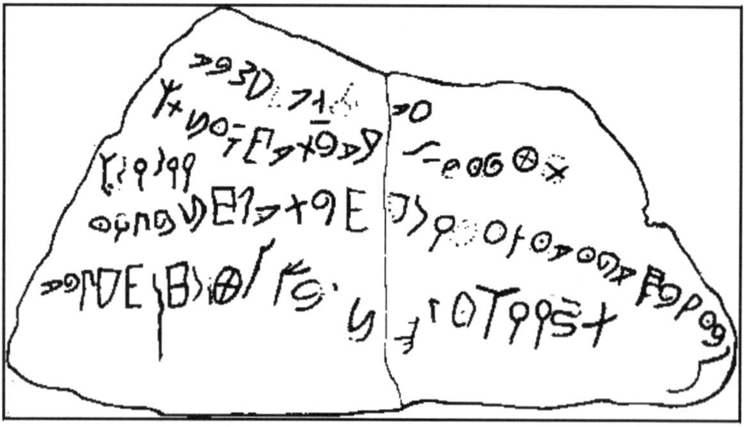

图8　写在陶器上的“希伯来文前身”字母表中的80个字母（自大约公元前1100年），1976年发现于伊兹伯特萨尔塔

世纪以来，法律条文和界限清晰的领地观念就一直存在。古代和现代的民族关系在历史上并无巨大差异；这两个时期的观念信仰都有着极其复杂的彼此重叠，而二者表面上的差异往往让人无法正确认识到这一复杂情况。尽管很难清晰地描述民族共同体的发展状况，一些前现代社会仍呈现出它的发展态势。我们再仔细看看所举的四个例子中的更多细节是如何说明这一发展状况的。

前现代民族的成因

第三章中提到，法律是形成大范围相对统一的领土的重要因素。如果希伯来文《圣经》的《历代志》中的史实证据确凿可靠，那么古代以色列的政府官员便是“利未人”。他们被派遣在 66
各地执行民法和宗教法，并向人民征收赋税（《历代志下》17：7—9；19：4—11；24；也见于《申命记》17：9）。不仅如此，我们在《利未记》中也看到，以色列的法律在其管辖的“本土人”——以色列人——和外国人之间画了一道清晰的界限。更重要的是，它把在领地内永久居住的外国人描述为法律的服从者，好像他们也是在那里出生的一样。书中最后也提到以色列人建立了法律上的等级制度，地方上解决不了的纠纷可以上报中央作最后裁决（《申命记》17：8）。

7世纪末到8世纪期间，日本各地家族之间也存在着明显的地区差异，672年爆发的内战就说明了这一点。如果不是德川江户幕府的中央集权（1603）或者明治维新（1868）最终缩小了家族间的地区差异，它后来可能会变得越来越大。尽管各地存在差异，天皇在人们心目中的威望仍是毋庸置疑的。自12世纪起，政治权力就不属于天皇，而属于“征服蛮夷的将军”府邸，即将军幕府，但天皇的威望还是凌驾于各地势力之上。民族集体自我意识在德川幕府时期表现为武士宣誓既“效忠天皇”也“驱逐蛮夷”。奠定这一武士精神基础的是7世纪和8世纪期间，为加强天皇集权、削减家族势力而编纂的涉及内容广泛的法典法规。这些法律在全国各地贯彻执行，日本由此成为历史学家所说的“律令国家”。律令把国家分成各省，并建立不同的管理机
67 制，负责户口登记、税收、分配稻田（包括分给妇女）、征兵和宗教信仰。而且，由于往往效仿中国的做法，即所谓“冠位”制[①]，社会地位可因个人成就而改变，不再局限于出身。曾有如金匠、书吏和灌溉专家这样的职业群体超越了家族的界限。

这里列举的每一个前现代社会都表明，宗教是一种特殊文化发展的重要因素。以色列的神是耶和华，而以色列周边国家则信仰不同的神：北边的亚兰信仰哈达神；东北边的亚扪人信仰米勒公；东边紧邻的摩押人信仰基抹神；南边的埃及人信仰荷鲁斯－塞斯神（或阿蒙－雷神）。约西亚国王统治时期（公元前640—前609），以色列的中央政策力求全国上下都信奉耶和华，规定逾越节和祭祀只能在耶路撒冷的圣殿进行。而在日本，到了公元7世纪晚期，天皇一家认定太阳女神天照为自己神圣的祖先，也是所有地方家族信奉的神道教神的最高统领。而且，日本中央还通过“神祇官”来保证皇宫和地方都信奉神道教的神。中央还下令在全日本建造神道和佛教寺庙，因为当时佛教也在日本帝国的控制之下。

① 此处原文表述不够准确。冠位制施行于日本，虽与同时期中国的官阶制度有一定渊源，但中国本身并无“冠位制”一说。

在斯里兰卡，从杜多伽摩尼国王在位起一直到阿努拉德普勒早期，中央下令在全国建造佛教寺庙，其中以佛塔尤为令人瞩目。

波兰中世纪和早期现代史一直记载有基督教和犹太教这样的少数教派的存在。但是，当看到波兰西面的德国信仰路德宗、东面的俄国信仰东正教时，我们就会明白罗马天主教对维持波兰民族的凝聚力有多么重要。

这四个社会中，加强领地的统一除了靠法律和宗教，战争也 68
是它们各自形成独特文化的一个因素。早期僧伽罗的历史记载中不仅有和塔米尔人的冲突，也有和来自南印度的印度人的冲突。古代以色列也和一些民族发生过战争，其中有非利士人和亚扪人。公元663年，日本和唐代的中国发生武力冲突（虽然是在朝鲜半岛）。据中国、朝鲜和日本三国的历史记载，结果日本战败。面对中国的胜利，也出于惧怕将来中国势力的侵略，日本人开始狂热地大兴土木，建筑军事防御工程。对于整个14世纪的波兰来说，在洛克特克国王和他的儿子卡齐米日的带领下收复被视为属于波兰的领地，需要在军事争战中既打败条顿骑士，又打败捷克人。所有这些战争都要求大规模跨越阶级界限的人口流动。因此日本法律规定，省立军事部门由每家出一个男丁组成。波兰在卡齐米日统治时期及之后，法律规定所有土地拥有者都有义务服兵役，但在1431年对条顿骑士团的最后决战中，也有大批农民入伍参战。这样的人口流动让我们想到在第三章中讨论的亨利二世的《武器法》（1181）。那么由战争和防御引起的人的社会地位的变化对大部分人的自我认识又有什么影响呢？

由于几乎没有证据说明农民如何经历和理解这些战争，一些学者认为农民并不把这些冲突视为民族之间的战争。根据上面的论述，这种观点有多大的可能性呢？所有这些国家社会都有不同程度的领地内统一宗教的发展，也有掌权的中央颁布的法律，因此我们可以认为农民对自己国家的中央必定有某种程度的认可。尽管中央像在现代国家一样意味着一种负担（比如在税收意义上），但它之所以能够成为中央，正是因为农民对它
69 的认可和尊重。上述四例中，每个国家都有一个权力中心：斯里兰卡的阿努拉德普勒、以色列的耶路撒冷、日本的奈良、波兰的克拉科夫。与这些例子相比，古代希腊之所以没有发展成一个民族，原因之一是尽管无数事例说明希腊对波斯的战争强化了希腊人的整体自我意识，但是，希腊始终没有出现一个主要对城市和国家效忠的、能够通过在全希腊建立各种机构以宣扬并维护民族自我意识的权力中心。我们列举的四个前现代社会的例子中，绝大部分人确实有可能把战争视为“本土人”和外国人之间的冲突。在后来的以色列古代史中，从公元66到72年以及从132到135年对罗马的两场战争卷入了全体国民，这的确说明，把战争视为本国人和外国人的冲突这种认识是有可能的。

除了宗教和法律，语言也是促进这些前现代民族共同体形成的一个因素。以色列传统文化中的证据表明，人们认为语言的不同是区分以色列人和外族人的标准（《列王纪下》18：26；另参见《士师记》12：6和《创世记》10：4，20）。波兰中世纪史也显示他们当时对德语有一种强烈的对抗情绪。由此我们可以更加确信，人们认为语言的不同代表了民族的不同。由德国人领导的，发生在克拉科夫的反对洛克特克国王的叛乱在1312年被镇压后，煽动叛乱人的罪行是根据他们是否能正确发出soczewica（兵豆）、kolo（轮子）和mlyn（磨坊）这样的波兰语音

来判定的。不会发这些音的人被判定要么是德国人，要么是捷克人，从而被判有罪。

复杂情况

可是，在我们所举的例子中，本土人和外国人的关系有时也会变得模糊。例如，我们知道，公元7世纪的时候，中国武力征 70
服朝鲜各王国之后，很多朝鲜人逃到日本。不过很重要的一点是，一个世纪以后，这些多数身为佛教信徒的朝鲜移民通过登记注册为日本户籍而被归入神话传说中的日本子民。类似的复杂情况也可见于古代以色列传统。虽然《圣经》里的《以斯拉记》和《尼希米记》对以色列民族的严格界定有过描述，甚至有禁止和外族人通婚的规定，但是在约旦领袖希克斯一世征服以土买（“以东”部落）之后，以土买人便成了犹太民族的一部分。

> 希克斯征服了所有的以土买人。只要他们愿意行犹太教割礼并遵守犹太人的法律，希克斯就允许他们留在这个国家。以土买人非常渴望在自己先辈的土地上生活，所以他们接受了割礼和其他所有犹太人的生活方式。从接受这些习俗的那一刻起，他们也就与犹太人别无两样了。
>
> ——约瑟夫斯，《犹太古史》

从以上两个事例我们可以看到战争如何成为领地内民族关系形成的要素。可以肯定，如果领地不像日本和斯里兰卡这样的“岛国”，在地理上处于孤立状态，那么要决定民族的领地界限和民族成员的亲属关系就会特别复杂。尤其是在边界地区，如西里西亚虽属波兰，那里的人们却是说德语的。

尽管有这些复杂情况，所有这些前现代社会都或多或少地
71 表现出让人理所应当视其为民族的以下特点：

（1）有自定的名称；

（2）有历史记载；

（3）有一定程度上的文化统一，这常常是宗教信仰的结果，且由宗教支撑；

（4）有法律条文；

（5）有权力中心；

（6）有疆界的领土观念。

然而，对所有这些社会的考察，也说明以上构成民族的每一个特点都有曲折的发展历程。甚至自定名称这一民族集体自我意识存在的最基本的特点也会含糊不清。也许最明显的例子就是前现代民族中的古代以色列。有时，“以色列”的称谓指的是大卫和所罗门的王国，有时又指有别于南部犹大王国的以色列北部王国，也常用来指要实现的民族统一的目标。

还有，在第二圣殿时期（公元前538—公元70）有很长一段时间，以色列的理想代表是被称为“朱迪亚”的社会。民族自定称谓的含糊性，常常说明在民族身份和民族发展问题上存在着强烈冲突的观点。这可见于今天“印度母亲”这个例子，人们既可以认为其包括基督教徒、穆斯林和锡克教徒，也可以不这么认为。但这并不意味着现在有多种法律、宗教和语言并存的印度就不是一个民族。考虑到这样那样的复杂情况的同时，我们不应当否认民族具有的特点，这标志着早期在一定范围领地内有亲属关系的共同体的存在。

公民标准

人们有时认为衡量一个民族共同体存在的标准应该是公民身份。让我们回到中世纪的波兰历史来考虑这种可能性。如 72
果说让大部分人都有公民身份是决定民族存在的标准，那么中世纪的波兰就不是民族了。它最多是“贵族国家”。因为自15世纪以来，是贵族通过国会——色姆（sejm）——来决定中世纪波兰的政治事务的。然而在历史学家研究19世纪的英格兰和法兰西这样的现代民族时，公民身份的标准却引发了一些复杂情况。

在中世纪的波兰，只有贵族才能充分参与国民政治事务。如果因此而不把那时的波兰归入民族之列的话，那么到了1832年，英格兰只有3.2%的人口有权选举国会，而法兰西只有1.5%的人口有公民选举权，因而是不是也不该把英格兰和法兰西归入民族之列呢？况且，如果坚持说只有在绝大多数人口都享有受到认可的法律权利并承担相应义务时，民族才存在，那么当19世纪的波兰领土被普鲁士、奥地利和俄国瓜分时，又该如何定义没有国家政府的波兰？我们会为此陷入困境，因为这一时期波兰的集体自我意识确实持续存在着。

毋庸置疑，作为政府的一种决策形式，民主促进了领地内民族共同体的稳固。究其原因，正在于它承认绝大多数人都享有法律权利并能参与政治。然而，把公民这一现代理念上升到衡量民族是否存在的标准，忽视了民族是在领地范围内集结的亲属关系这层含义，仅仅把民族视为一种政治决策形式。坚持认为公民身份是民族存在的标准，也因此坚持在前现代社会和现代民族之间划清界限的历史学家们不得不：

（1）在论述中尽可能减少对前现代社会领地内民族的亲属

73 关系给予足够的、持续的重视；

（2）过高估计现代民族文化的统一程度；

（3）当在分析中遇到没有国家政府的民族及“地方主义”的情形时，他们就陷入了困境。

可以肯定，要承认前现代社会存在，分析者就必须接受各种含混不清的情况，以及各种不完整的发展状态。现实中的民族社会关系总是由各种不同的关系交织在一起，相互影响，不断变化。这也是现代民族国家的情况，就连对民族成员身份的判定都处于不断变化中。不断更改的移民法和公民法可以说明这一点（例如，1971和1981年的《英国国籍法》以及1990年的《美国移民法》）。

前现代和现代领地内的亲属关系显然是有区别的。社会学家爱德华·希尔斯和S.N.爱因史达特明确指出，现代社会的特点是社会边缘群体更大程度地参与中央的活动，这也说明在这样的领地内文化更加统一。民主体制就是这种参与的例子。在这种体制中大多数国民和公共教育都享有自治权，社会地位也可以通过个人成就得以快速改变，而不是死板地由出身决定，由严格的社会等级来控制。然而，现代社会和我们所举的四个例子在中央和地方的关系方面是不同的。对于这种不同所作的更好的解读是：它只是程度上而非本质的不同，因为在我们所举的例子中也有成文的法律规范，有帝王对社会负责的理念（维护灌溉系统、维护法律、维护和平），有中央对民族宗教承担的如建造神殿、庙宇和教堂的义务。

显然，公众选举的首相或总统与帝王之间的区别很重要。但是，帝王也是人们尊崇的对象，并且这种尊崇也是维系领地 74 内亲属关系的纽带。如历史学家马克·布洛克所述，日本天皇和法国国王都被尊为能帮助病人神奇康复的治愈者。可以肯定，爱国主义情感反映的领地内的民族关系在中央和地方区别不明显的情况下会更稳固、更显著。但这并不否认“保家”的意识超越了家庭界限，且延伸到了前现代社会呈现出的“卫国”的层次。对中央的认可使这种延伸——包括它所反映的领地内的共同体——成为可能。举例来说，人民对中央的认可表现在帝王被视为国家和平的守护者，中央管辖的地域内有同样的风俗习惯（包括宗教和语言），以及包含神话传说因素的历史。

让我们再回到民族形成中的神话传说因素来为本章作个总结。有一定领土范围的社会虽然有可能在纯粹契约的基础上形成，但这种情况还从未发生过。这并不是要否认建立在统治者和被统治者契约基础之上的欧洲宪法传统的重要性，更何况这是统治者和被统治者都必须服从法律管制的情况。然而，在现代民族关系的形成过程中，一个遥远的、常常带有神话色彩的过去，抑或一个人们认为史无前例、无从查证的情况，在时间的帮助下又一次把民族关系的独特性合理化了。

强调民族历史悠久并不意味着真正相信民族的独特性，这也许只是算计着如何利用民族矛盾。比如在印度，据史诗《罗摩衍那》所述，为了铲除位于阿约提亚的、具有475年历史的穆斯林清真寺，印度教民族卫队和人民党打了一场长达八年的战争。清真寺最终在1992年12月6日被摧毁，因为人们认为它

是印度教神毗湿奴的化身——拉姆——的出生地。史诗《罗摩衍那》的大部分内容可能著于两千多年前。人们对过去情
75 有独钟，大概更多是因为它是对历史的创造而不是恢复。例如日本神道教的复兴始于18世纪，而它最终成为明治维新时期（1868）的“国教”。在这两个例子中，神话传说都被加以利用，以便把民族主义的观念融于领地内的社会关系之中。对于印度来说，是印度教民族主义（“印度教徒特质”）；对于日本来说，是国体（一种“民族特质”）。这两个例子都企图否认民族形成过程中真实的复杂情况。对民族关系更开明的一种理解，则更容易接受这种复杂情况。就印度而言，旁遮普地区的锡克教徒、喀拉拉邦的基督教徒和克什米尔地区的穆斯林，这些不同的宗教信仰都与印度必然是印度教国家这一观点相矛盾；而日本有1400多年的佛教历史，这与日本从不受外来影响的观点也是相矛盾的。

对过去的热衷，也可能包含模棱两可的情况。例如，赫尔曼纪念碑于1875年在德国北莱茵威斯特法伦的德特莫尔德附近的条顿堡森林内建成，用以纪念公元9世纪切鲁西人的军事首领阿米乌尼斯——也叫赫尔曼——在与罗马将领瓦鲁斯指挥的军队作战中取得的胜利。这座纪念碑代表了德国民族的独立，却也肯定了人人都怀疑的古代切鲁西人和现代德国人之间的亲属关系。

对同一段历史的热衷也会因现今形势的不同而不同。1989年，正值塞尔维亚人和克罗地亚人的冲突白热化到即将爆发种族灭绝战争之际，前者举行了科索沃战役600周年庆典，纪念1389年他们在拉查尔王子的率领下被奥斯曼帝国打败。但在

图9　赫尔曼纪念碑

1939年，面临德国即将入侵的形势，这场战役却被描述为标志着南斯拉夫而非塞尔维亚的独立。

76 神话传说的成分也可见于美利坚合众国的传统。《独立宣言》宣告了一个“不言自明的事实”，即“所有人生来都是平等的”，由“造物者赋予某些不可剥夺的权力”，这归根结底源于犹太-基督教传统。随着美国传统的发展，创立民族的先辈们的传说也应运而生，掩盖了先辈们之间在理解平等和权力的含义方面的分歧。比如自治是联邦概念还是民族概念。这些模糊不清的问题所引起的一些争端，好不容易才通过美国内战得到解决。战争的结果通常都有利于增进民族统一。然而，新的神话又出现了，比如在大西洋和太平洋之间设立民族界限是美国人民“天赐的命运”这一说法。与古代以色列一样，美国的地理位置并不确定，特别是西北边的界限是以49度划分还是以更北边的54.40度划分。但的确有人声称这些界限是上帝所设。

现代印度、日本、德国、塞尔维亚和美国仅是很多可举的例子中的少数几个而已。这些例子说明，包括这些现代民族在内的所有民族，在形成和持续过程中都强调跨代的领地内亲属关系、“史实”或“不可剥夺的权力”这样的观念。这种观念虽不能用亲身经历来印证，却为领地内的社会秩序提供了理由。在无法依靠经验得到证实的一系列观念中，最明显的例子便是宗教。本章讨论的所有前现代和现代领地内的亲属关系中，宗教一直都是其形成和持续存在的因素。因此，现在我们就要讨论
78 民族和宗教的关系问题。

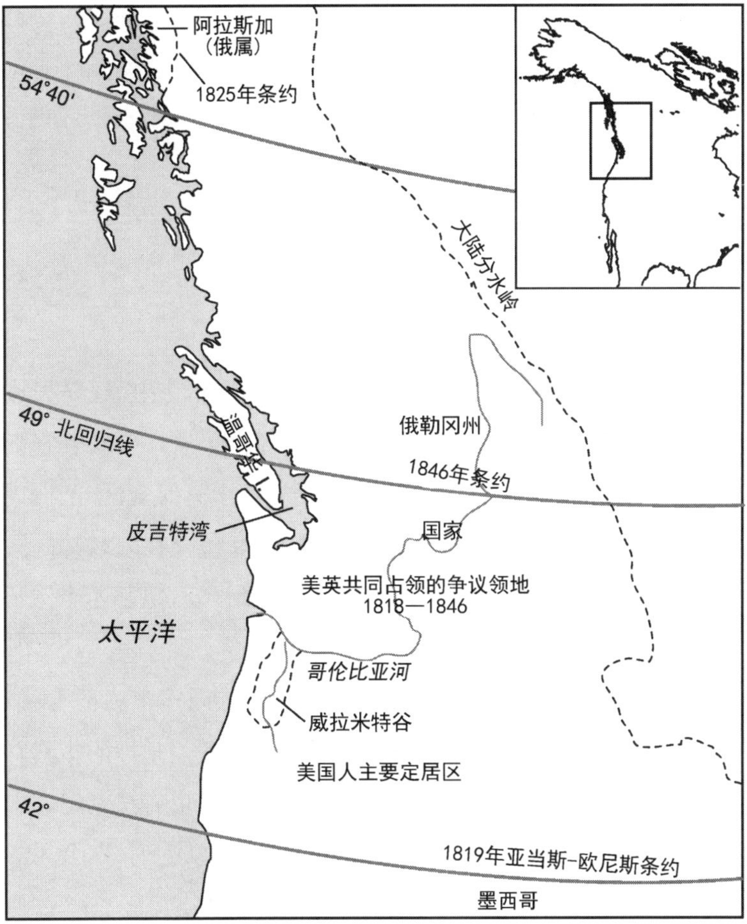

图10　1846年前的俄勒冈领土，表明了美国西北部边界的不确定性

第六章

谁的神更伟大?

民族和宗教关系的历史和概念都极其复杂。宗教既是民族形成和发展不可分割的一部分,又与之相互矛盾。要理解它们之间的关系,需要判断它在不同的宗教环境中有何变化,因而需要作比较分析。前一章所举的四个例子中,每一种宗教都是民族存在不可缺少的一部分;就让我们回到前一章,以那四个例子为起点开始研究这一复杂关系。

古代以色列民族的起源虽然和其他民族同样含糊不清,但它形成的一个重要因素很可能是战时营地。我们掌握的极其有限的早期历史证据中都有这种说法。如麦伦普塔赫法老纪念碑(公元前1207)是用来纪念埃及战胜一个叫"以色列"的民族;《士师记》第五章则描述了"以色列前身"军事联盟。对"以色列"一词的词源虽有争议,但如果它的词源事实上是指"神的旨意",这种可能性就加大了。

"以色列"民族逐渐形成时,虽然人们无法确切地说出耶和华是何时在人们所信奉的众神中成为主导的,但耶和华很可能

图11　麦伦普塔赫法老纪念碑，上面写着“以色列被废弃但它的子孙仍在”，这归功于约公元前1207年埃及在色卡取得的军事胜利

是大卫和所罗门信仰的神。可以肯定，在以色列历史中的某一
80 时刻，要成为以色列人（或犹太人），就必须信仰耶和华，这也把他们与信仰米勒公的亚扪人、信仰基抹神的摩押人和信仰哈达神的亚兰人区分开。而且很显然，在整个巴比伦、波斯、塞琉古王朝和罗马占领区，信仰耶和华使犹太民族得以持续存在。

一个社会主要信仰一个神——如以色列人信仰耶和华，或摩押人信仰基抹神，这代表了一个民族在其存在过程中的重大发展。在这种情况下，该社会排斥另一社会的神，但不否认该神的存在。对一位神的信仰只在领地范围内以及领地内人民的内部发生，因而宗教和民族是相辅相成的，宗教维系着民族的存在。原因在于，信仰这样的神——“国家之神”——把国家及其居民团结成为在文化上相对统一的、以领地为依托的民族共同体。至少在理论上，只有在一神教的前提下，其他神才能被判定为虚假偶像而遭到否认。古代以色列人虽然只信仰耶和华这一位神，但是他们以及后来的犹太人的信仰中一直包含着这样的理念：他们是被上帝选中的民族，居住在被应许的土地上，承认亚伯拉罕、以撒和雅各共有同一个祖先。这些理念把这些一神教徒归为一个民族，从而把他们与该神的其他信徒区分开来。

从僧伽罗历史早期至今，我们看到，斯里兰卡领土统一的艰难历程和佛教在整个岛屿的传播息息相关。在一直持续的、形成日本民族的日本历史中，最重要的就是天皇政体。它高度依赖于对日本众神，即各家族领地的神的信仰，以及由此演变而来的信仰太阳女神天照的民族宗教。还有，公元14世纪洛克特克及其子卡齐米日统治下的波兰王国认定是他们收复了皮亚斯特王国的领地，而罗马天主教对领地的收复起到了关键

作用。这片领地起初是教皇保护国，后来又把波兰和西边路德 82
教派主导的德国，以及东边东正教主宰下的俄国划分开来。

所有这些例子，还有其他诸如皈依基督教的古代亚美尼亚和推崇东正教的社会的例子都说明，宗教的作用就是使得先前不具备统一文化的社会逐渐形成民族，并维持领地相对统一的状态。宗教的这一作用也因为渐渐出现的集权中央的政治纲领得以加强。但是，宗教对民族统一的贡献也有一些复杂情况。例如，在古代以色列的第二圣殿时期，有信仰耶和华的萨玛利亚人；佛教在日本大部分历史时期中也很重要；佛教之国斯里兰卡也有信仰印度教的塔米尔人，印度教的很多因素也被纳入僧伽罗佛教之中；信仰天主教的波兰显然也有犹太人和少数新教徒。

民族和一神教

人们趋向于用宗教来规划自己生存的目的，理解自己所属社会和其他社会的关系，也以此构想自身及社会在已知宇宙秩序中的位置。然而，如果此时人们信仰的是一神教，民族和宗教的关系就会变得很复杂。这是因为相信一个万能的神是对人类的共性而非民族差异的肯定。

古代以色列人和犹太人对万能上帝的信仰显然由“被选中的民族”和“应许的土地”这两个概念支撑。这两个概念赋予人
类两个生存目的： 83

（1）以注重生存为基础的民族的持续发展（据《申命记》30：19—20记载，“选择生活，让你和你的孩子们能在这片土地上生存”）；

（2）肯定一种普世的合理生活方式也是一神教信仰的目标。

一神教的这一标准在概念上不需要特别清晰。例如，从波兰和斯里兰卡各自历史的角度看，具有一神教性质的罗马天主教和佛教同样证明了一神教与民族发展之间的相互关系。而且，今天僧伽罗的佛教徒还把“四大天王”供奉为民族的保护神。

而考虑其他例证则可以让一神教和民族的复杂关系更加清晰。东正教传统认为，公元6世纪和7世纪早期阿瓦尔人和波斯人包围君士坦丁堡时，圣母马利亚在事先安放她寿衣的布雷契耐教堂外与保卫城池的战士们并肩作战，于是就有了马利亚——希腊语称Theotokos，即“生育上帝的她”——是君士坦丁堡的守护女神这一说法。波兰传统认为，1655年圣母马利亚出现在琴斯托霍瓦修道院的高墙上，打败了进攻波兰的瑞典侵略者。因此，人们相信马利亚是捍卫波兰领土统一的女神。

还有许多例子说明神或女神被视为民族领地的保护神。最著名的就是古代雅典的恩人和守护者雅典娜女神。当然，古希腊宗教信奉的是众神。可是，人们相信超凡的马利亚在琴斯托
84 霍瓦的作为，相信僧伽罗神话传说中的佛陀，这些都证明了一神教为稳固和延续俗世中领地的存在所作的贡献。这种贡献是否应该理解为一神教中的众神因素？归根结底，为什么“上帝的母亲”偏向保护波兰，而雅典娜偏向保护雅典呢？

让我们再从另一个不同的角度考虑民族引发的关于一神教的复杂情况。许多国家都有“无名战士墓”，用以纪念捍卫民族的关键历史时刻和英勇事迹。例如英国伦敦的威斯敏斯特大教
85 堂、法国巴黎的凯旋门、美国华盛顿哥伦比亚特区附近的阿灵顿

图12　琴斯托霍瓦的圣母马利亚（“黑圣母”）。1717年，波兰国王宣称马利亚为波兰女王

国家公墓。这些墓地是领地内无名先辈和民族英雄的纪念地，他们在保卫自己民族的战争中献出了生命，所以人们认为他们值得敬重。

在一神教文明中，“无名战士墓”纪念的为国捐躯的战士并不是作为神来供人祈祷的。这些战士是俗世中人，可供人祈祷的圣母马利亚则是神界的力量。这两者的区别很重要，因为神性的马利亚把我们带入了宗教概念的世界。但是，“无名战士墓”的宗教光环又使这一区别变得模糊。

一神教想象的客体超越了俗世，或者说它是超自然的存在——如天堂、涅槃或世界末日，或者是超自然的力量。民族中当然也有想象的成分，如时间上历史和现在的连续，以及领地内覆盖面很广的亲属关系，这两者都超出了任何具体个人的亲身经历。然而，这种超越的对象，即以领地为依托的民族共同体，则属于俗世。我们已经看过这样的例子，它们说明了历史上一神教共同体如何模糊了神界和俗世之间的界限，又如何反让自己融入俗世中的领地关系。我们现在正要转向这样的融入，也会涉及英雄之墓。

圣人教派

与这样的融入相反，早期基督教曾恰当地嘲讽把罗马恺撒奉为神灵的行为。它反对把有生命的人上升到神这一异教徒做法，这在早先对死去的希腊英雄的膜拜中就可看到。然而，
86 纵观基督教古代史和中世纪史，神化人的做法可见于“圣人教派”。对圣人的膜拜通常代表一神教对民族关系的维护。为何如此呢？

圣坛是信徒们接触神灵的特殊地方。在这里，信徒和天上的神灵之间是垂直的上下关系。就圣人教派而言，圣人的墓地则成为信徒接触神灵的又一地点。这样，墓地和圣坛在某种意义上来说就合二为一了。但当圣人同时也代表民族英雄时，神灵便不再是绝对超自然的了。由于天堂中圣人的神圣性同样指民族的神圣性，信徒和民族圣人之间就不再仅是上下关系，而成为横向的平等关系。人们普遍认为，领地范围内民族圣人的圣洁无处不在，他们的创举成就了民族存在。

来看看法兰西国王路易（1226—1270）的例子，他在1297年被正式封为圣者。随着路易九世被册封，显然，法兰西统治家族——卡佩王朝——与天堂合二为一，为该王朝的统治增添了宗教上的合理性。圣人路易国王的尸身被作为圣物安放在法兰西领地内的各处修道院，在宗教上为王国领土统一提供了支持。由此我们可以想到圣人斯坦尼斯瓦夫的尸骨被散置于波兰各处、佛陀的圣骨被存于斯里兰卡各地的寺庙的故事，也是出于同一目的。

希腊英雄的亡灵升上奥林匹斯山，其精神力量所及覆盖整个希腊城邦的领地，那里也是埋葬他们尸骨的地方。这种超自然力量的“领地化”与基督教民族圣人的情况相似，只是在此处，领地属于国家所有；尤其当承载圣人精神力量的尸骨被当作宗教圣物散放在领地各处时，国家的一切就都与神灵相关了。一个民族的国王或英雄一旦成为圣人，该民族便被置入永恒的宇宙秩序之中，从而使领地内亲密的民族关系及其文化的独特性变得更加合理。 87

民族与异教

这里列举的波兰守护神马利亚和古代雅典异教守护女神雅典娜的例子，以及与异教雷同的、把人上升为神的圣人教派，都说明一神教对民族存在的维护。但这也产生了一个发人深思的问题：一神教所维护的民族存在也代表人类文明进程中异教的持续存在吗？要回答这个问题，还取决于如何理解“异教”一词。这个词来自拉丁语“paganus”一词，对罗马人来说，它是指来自乡下的或农村的人，即农民。由于早期的基督教徒多居于城市，“异教”一词就用来指因为住在乡下而被假定为非基督教徒的人；大概农村的居民还是更加忠于多神教的自然神。（由此人们可以联想到，传统意义上人们总是把农事与掌管自然和生育的神以及掌管土地的神联系在一起。这一传统在19世纪的浪漫主义文人墨客那里得到了充分的表述，他们认为“真正的民族”就是基于农民群体的。）

用罗马总督、异教徒叙马库斯（公元384）的话说，异教信仰的特征是“每个民族都被赋予本民族神的力量来关注自身的命运”，如雅典人有雅典娜女神。在奥古斯都国王统治以后，罗马君王被赋予神力（罗马人称他们为“精力之神”），因为君王掌控着罗马民族的命运。这种发展便顺理成章地把君王提升到神的位置。这样一来，由于作为国家领袖的一国之君有了神性，国

88 家自身也自然而然地神化了。由于法西斯主义造成的后果，“异教信仰”一词有时也指对国家的神化——这种观念认为没有什么比国家更重要。这一用法是合理的，它表明了当国家上升到高于一切的位置并被当作神来膜拜，从而否认一神教的人性真理（尤其是所有人都是按神的形象所造的），可能给人类带来怎样的恐怖。

然而，为了解决我们的问题，我想把这些先放一放，把焦点集中于“异教信仰”一词所包含的另一个含义——对祖先和领地内神的承认。异教神象征着由出身情况决定的、领地内的社会关系。他们是自然之神，生生不息的生命之神；和民族圣人一样，他们的势力范围受领地限制，因此和一神教的万能之神形成对比。可以肯定，这些神在一神教文明主导的今天还没有得到公开认可。但是，异教理念中的国土之神和祖先之神不正

隐含在今天的父国、母国这样的概念之中吗？民族是领地内按照出身情况形成的共同体；就此而言，它不也正是存在于一神教文明中的异教信仰的载体吗？毕竟包括20世纪在内的大部分欧洲历史都是一个基督教民族针对另一个基督教民族的战争史，其中每一个民族都在捍卫自己认定的、和神的特殊关系。而且很多基督教国家的确有自己的民族圣人。对民族圣人的承认表明原本具有普遍性质的一神教对领地内民族亲属关系的敬意。

我已经说过，任何一种社会关系的形成和持续都是不同追求、不同兴趣交织在一起的结果。可以肯定，一神教派维护领地内民族关系（其特点可以用“异教”这一宗教类别来概括）的重要一点，就是注重通过宗教为政治权力提供更多的支持，使民族关系得以稳固。这一点可明显见于法国国王菲利普利用其祖父路易九世的教派促使法兰西民族的形成；可见于古代以色列国王约西亚把对耶和华的崇拜立为官方教派，从而把耶路撒冷立为以色列民族的政治中心；可见于杜多伽摩尼国王对佛教的宣扬和对印度塔米尔教的排斥；也可见于1555年《奥格斯堡条约》中依据统治者的信仰以及一片领地内只能有一种基督教的规定而推行的基督教的“领地化”；还可见于14和15世纪马里尼德人带领摩洛哥伊斯兰教的伊德里斯教派兼并各个部落、统一摩洛哥的事例。所有这些例子都说明，一神教一直在为巩固民族而不断变化着。 89

历史上异教和一神教并无强烈对比。更确切的理解是，这两种信仰都是持续存在的宗教模式，它们以不同的方式交汇在一起。一神教和民族的关系显然可能充满矛盾，当它被政府用来表述政教分离时，这种矛盾还会恶化。面对大量复杂的历史证据，我们的问题是如何澄清民族和宗教的关系在一种文明和另一种文明中的不同体现。

不同文明的比较

如许多古代众神宗教中都有“国土之神”一样，当宗教受领地范围限制时，民族和宗教之间的矛盾便会缓和。这种关系在古代有以下几种情况。

信徒通过祭祀来安抚神，这在古时候很常见。他们期望神
90 能有相应的回报。例如他们会祭祀掌管土地富饶和生育的神，古代乌加里特[①]的风暴雷电神巴力、亚兰人的哈达神，还有赫梯人的特勒皮努神。人们希望他们能带来雨水，使庄稼有好收成。而干旱则是因为这些神收回了恩赐，甚至没有显灵。

若风暴雷电神也是战争之神，宗教便有了新的发展。神职的合并（这里指掌管雨水和战争），意味着人们对宗教意义的理解更具连贯性，因为它减少了因多个神同时存在而造成的观念上的混乱。在《创世史诗》（*Enuma Elish*）这部关于巴比伦的建国神话中，我们可以看到这一宗教发展的愿望。这部史诗宣称，尽管他们有五十个神，每一个都有自己的姓名和职责，但他们其实都是同一个叫马杜克的神。神职的合并加上坚固的庙宇代表更加统一的文化。据美索不达米亚和希腊历史记载，宗教神话传说中年轻的神对年长的神的战争反映了宗教的这一发展变化。但相对统一的文化并不一定表明民族已经存在。古代索

① 在古代叙利亚。

马里和古希腊都缺少一个权力中心来确保人民对各自的城邦效忠。但是，一定范围内相对统一的文化又促进了民族的形成和发展，这一点值得重视。

有了对宗教意义更加连贯的理解，再加上土地之神在众神中地位的提高，统一的文化就显示出了明显的领地特征。例如，埃及人信仰荷鲁斯神（下埃及）、塞特神（上埃及）和后来的阿蒙（底比斯）-雷神，这可能就意味着民族已经产生了。国土之神一旦成为人们主要信仰的神，宗教便标志着民族已经存在，因为此时就有了集体自我意识，即民族有自己的土地，土地上居住着自己的人民。通过信仰民族和土地之神，人民统一而成民族，土地统一而成领地。 91

> 康埝人（Caunian）建立了外族宗教仪式，但后来他们对之进行抵制，除了自己的神以外，坚决不信奉任何别的神。因此，所有到了服兵役年龄的康埝人都穿盔戴甲，行进到国家边境，在空中挥舞长矛，意欲驱逐外族神灵。
>
> ——*希罗多德，《历史》*

然而，古代宗教的发展也会沿着其他轨道使民族和宗教的关系变得复杂。神的形象用于强调领地内社会文化的独特性，当这一形象沾染了其他神的特点（被称为“融合”的过程），特别是其他社会的特征时，其独特性就被削弱了。遍及整个地中海世界的埃及伊希斯神崇拜便是这种融合的例子。在斯多葛哲学和新柏拉图主义的影响下，还兴起了一种被称为“异教一神教”的宗教派别，其中一个经典的例子就是罗马皇帝尤利安对太阳的信仰。宗教融合和异教一神教维护的是帝国的存在，而不是为了巩固和延续民族的存在。

关于一神教，我们已经讨论了犹太教和民族的关系。在转向基督教和伊斯兰教之前，还需要作几点附加说明。

一神犹太教和民族密不可分的关系是这种信仰普世特征
92 的结果。它要求“心灵割礼”(《申命记》30：6)，坚信只有一个神，神的形象代表他创造的整个人类的形象(《创世记》1：27)，并且这一形象明显和他代表的特定文化相结合，认定犹太人是被神选中居住在他应许的土地上的民族。神通过和一个特殊民族建立关系来干预人类历史，这是犹太教唯一的、普世的神的理念。这个理念对西方文明有着深远影响，包括：

(1) 对其他民族信仰的影响，例如中世纪的法国人也相信他们是“被选中的”；

(2) 相信时间有方向性，它能呈现出进步趋势，但又不断回归过去；相信这些过去呈现了各种各样的民族独特性，包括耶和华和以色列人在西奈山定下契约、清教徒移民美洲这一新的乐土、波兰做出牺牲以拯救基督精神；

(3) 相信世界末日，到时现世和神界的裂痕会被抚平，伊甸园也会被重建。

宗教发展尽管历尽艰难，普世的一神教和民族仍然得以结合，民族成员视自己为特定的、与众不同的(“被选中的”)民族。他们认为，自己的民族之所以存在，正因为他们和全人类的普世之神之间具有独特的关系。因此犹太教相信耶路撒冷不仅是以色列的中心，也是世界的中心(《以西结书》5：5；《禧年书》8：19)，因为世界在这里和上帝交融。这一理念在其他文明中也以不同的形式体现。如东正教兴起的莫斯科是“第三罗马”的说法，他们以为此地不仅是俄国同时也是普世基督教的中心。因此人们对民族的理解是，它肩负着改变世界的历史使命。 93

然而，强调像耶路撒冷和莫斯科这样的世界中心的重要性，会破坏民族文化的独特性，从而使之向帝国方向发展。这样的例子可见于汉代儒家思想盛行的中国（公元前202—公元220）。“礼”宣扬的是一种合理的文明生活方式，理论上可被任何人接受；而华夏民族的中心——“中国”——被认为肩负着传播“礼”的责任。人们的确相信，只有与“礼”结合，出于正直自律之心举行应有的文化庆典，皇帝的统治才能顺应天意。宗教表达的普世愿望削弱民族情结最明显的例子就是罗马天主教和伊斯兰教，其中心分别在罗马和麦加。

古代以色列人和犹太人认为，亚伯拉罕、艾萨克和雅各布理所当然地拥有同一个祖先，被应许的土地就是他们的领地。与此相反，保罗则拒绝承认这些联系。

> 在此并不分希腊人、犹太人、受割礼的、未受割礼的、化外人、西古提人、为奴的、自主的，唯有基督是包括一切，又住在各人之内。
>
> ——《歌罗西书》3：11

理论上基督教是一种普世宗教，它的家乡不在现世。人们因此猜想基督教与民族会相互矛盾。事实上，基督教承认恺撒主宰的现世和上帝主宰的神界是不同的。确实，耶稣对这两个世界的划分（《马太福音》22：21）是含糊的，其内容又因为需要

94 解释后来发生的事件而不断变化，因而变得更加模糊。

基督教承认“人的城市”和“上帝之城”之间的区别，这样，人的城市就成为民族亲属关系发展的空间。但与之相对的，保罗的普世主义依旧存在，也因此对这两个世界的关系提出了疑问。从民族角度来看，《圣经》所言公元2世纪期间教会对诺斯替派的马吉安（反对把希伯来圣经作为基督教《圣经》的一部分，包括希伯来圣经中被上帝选中和应许之地的理念）教义上的胜利，就是为了让民族情感的发展合法化，尽管这一过程充满艰辛和矛盾。因此，基督教和民族的关系在基督教文明史上徘徊于两极之间：

（1）一边是基督教和民族以不同的方式走在一起。例如既服务于东正教也服务于新教的民族教堂、对民族圣人的承认，以及各种基督教民族都“被选中”的理念；

（2）另一边是帝国传统。例如基督教罗马帝国、早期和中世纪欧洲的神圣罗马帝国，以及“第三罗马”莫斯科。

与犹太教和基督教相似，伊斯兰教也承认现世与神界的区别。但是与基督教不同的是，穆斯林群体有义务按照自己对神界的想象来改变现世。在这一点上，穆斯林群体通过遵守其神圣法律——沙里亚法，来效仿古代犹太教；该教认为犹太人是世界上“祭司的国度和圣洁的国民”（《出埃及记》19：6）。犹太教和伊斯兰教在民族方面的关键区别在于，犹太人是神圣民族，而伊斯兰教共同体——乌玛——则被视为具有世界性。犹太教对亲属关系和领地的依恋很明显，尽管在依恋的同时，他们还难得
95 地相信神是整个世界的主宰。基督教承认“人的城市”为其存在提供了理论空间，但这种承认并非一帆风顺；伊斯兰教则公然

拒绝承认这些观点的合法性。

这种比较研究的出发点是为了承认在不同的宗教文明中，民族的出现和持续存在具有多元化趋势。显然除宗教以外，许多其他因素也影响了民族的存在，例如日本和斯里兰卡在地理位置上的相对孤立。但是，本章的任务是把民族出现和持续存在的因素——宗教——独立出来进行考察；与基督教文明相比，证据确凿的是在19世纪末和20世纪之前，伊斯兰教文明在历史上一直都不属于民族社会。

但这种对比不是绝对的，也不仅仅是因为基督教文明还有着帝国传统。历史学家伊本·赫勒敦的《历史绪论》著于1377年。该著作研究早期和中世纪伊斯兰中东文明，其中反复使用“群体感情”或“团结一致”（*'asabiyya*）的概念，给人留下深刻印象。这个概念表明，集体自我意识对亲属关系的理解超越了家庭范畴，还包括对邻里、同盟和国家（王朝）的依恋情感。伊本·赫勒敦用这一概念表明伊斯兰中东广阔领地内亲密的社会关系；伊朗的悠久历史也诠释了这一概念。例如，我们可以看到：

（1）对“*īrāniyyat*”——“身为波斯人”—— 一词的灵活运用和“身为阿拉伯人”形成了鲜明对比；

（2）波斯的布夷人（Buyids，945—1060）反抗阿拉伯对阿拔斯人的统治，前者通过挪用古代“伊朗王”的称谓来削弱阿拉伯人的势力；

（3）从16世纪早期开始，萨法维统治下的伊朗采纳什叶教派，以对抗奥斯曼帝国的逊尼派信仰。 96

在伊斯兰中东的西部，北非的马格里布和西班牙穆斯林之间发生过政治和文化冲突；公元17世纪，摩洛哥穆斯林和奥斯曼穆斯林之间也发生过武力交锋。

最后一点，伊斯兰教也有自己尊崇的圣人，虽然其内部对此有意见分歧。伊斯兰教内的这一“异教成分”并不总是与领地有关，但由于圣人受到当地王朝尊崇，这也偶尔促进了伊斯兰教领地内部的团结一致。摩洛哥教派就是这种情况，它的圣人叫塞里夫（Sharif），据说是从公元8世纪伊德里斯君王那里一脉相传的穆罕默德的后代。在摩洛哥形成过程中，马里尼德人——尤其是阿拉维人（公元17—18世纪）——都宣称自己具有圣人塞里夫的权威，是统一伊斯兰教摩洛哥的理想人士，与地方部落的不同信仰形成鲜明对比。然而纵观伊斯兰中东历史，在现世推行的伊斯兰教普世主义往往巩固了地方部落的稳定，从而成
97 为民族发展的障碍。

第七章

人类的分化

纵观历史，人们一直用不同的方式来理解自己，组织自己。世界上有一神教，其信徒认为人类是一体的；有罗马这样的帝国，其势力范围遍及世界各地，各地居民普遍享有公民权；还有民族这种人类组织形式。人常常按照亲属关系把自己组成各种形式的群体，民族就是其中一例。人类的这一分化趋势是伦理上亟待解决的哲学和人类学难题。人类按照相关性把自己分类时，为什么强调的是差异而不是共性？本章主要讨论民族存在所产生的人类分化的问题。

一些研究人类分化的分析者认为，人的分化有“天赐”或“自然”的一面。人们不太关心其他民族存在的情况，但许多人相信本民族的存在是天赐的。但“天赐的成分”显然含糊不清。要更好地理解人类的分化，必须弄清楚这一理念，也必须理解这一理念对持有者是多么重要。 98

种族？

19世纪和20世纪上半叶，有人认为人类的分化是“天赐的”，因为这是无法避免的种族差异的结果。法国外交家阿瑟·德·戈平瑙（1816—1882）认为，人类分成不同种族，种族继而决定了一种文明和另一种文明的独特性和文化差异。在他发表这一论点之前也出现过带有种族色彩的观点，比如约翰内斯和奥劳斯·马格努斯兄弟（16世纪中期）关于哥特人的论述和理查德·维斯特根关于英格兰人的论述（1605）。但是，是戈平瑙更清晰地阐述了文明的衰落是一个种族和另一个种族融合不可避免的结果。这一观点后来在反对闪米特人的休斯顿·斯图尔特·张伯伦那里得以延伸，他相信有纯种的雅利安种族。历史上对这一种族观最荒谬的表述是反犹太人的德国法西斯主义，它宣称犹太人的“血液”玷污了所谓纯洁高贵的雅利安种族。这种带有种族色彩的观点把人类“自然”划分成永恒不变的物质种类，已被证明毫无科学依据，因为种族内基因发生变化的程度可能比种族间的基因差异更大。今天所有严肃学者理应拒绝接受这种观点。

文化作为一种阐释途径

然而，学者们对这些种族观的驳斥并没有停止对人类分化的思考。分化显然继续存在，我们有必要思考为什么应该有这种分化。19世纪晚期到20世纪早期的历史学家海因里希·冯·特赖奇克是一位不折不扣的德国民族主义者，他认为种族之间的敌视和人类按照民族分化成国家并无多大干系。相
99 反，特赖奇克在这一点上和法国人厄内斯特·勒南一样，认为不同民族的存在不是生物原因而是历史原因造成的。这一观点意味着人类分化是人类干预的结果，即文化意义上的分化，因而本

质上不是“天赐”的。这也是18世纪在人类分化研究领域颇有影响力的作家约翰·戈特弗里德·赫尔德的观点。

第二次世界大战前后，研究印欧宗教的学者乔治·杜梅泽尔着眼于文化因素，对人类分化有一个很有意思的论断。他认为有一种文化是所谓有共同性格的印欧人独有的。据杜梅泽尔所言，印欧文化有三个结构层次，每一层都有具体的功能。第一层是国王和牧师代表的神圣阶层的统治和管理功能。第二层是武士代表的武力功能。第三层是耕种者和劳力者代表的生产功能。他还进一步论述称，印欧文化以独特的形式体现在印欧语言中，并通过语言传达出来。所以他认为，这种文化必然和使用其他语言群体的文化是不同的。

杜梅泽尔的论断和我们要考察的问题有关，因为民族成员把语言视为区分自己和其他民族的重要因素。文化传承视角是赫尔德、勒南和特赖奇克共有的。他们的观点虽然各有不同，但都拒绝生物意义上的“天赐论”（现在被认为适合所有人种），即赞同人类文化的划分有“天赐的成分”，不论它是由文明所赐还是由民族所赐。然而文化的划分也提出了一些问题。这些划分究竟有多大灵活性？最重要的是，如何理解人类的一个趋向，即把自己区分进不同社会，每个社会都有自己的文化传承，每一种传承都由一种语言承载？

这些问题直接关系到当前所谓“文明冲突”的问题；每一种 100
文明都有自己特有的文化遗产，如犹太-基督教、伊斯兰教和儒家思想之间的冲突。这也是杜梅泽尔的结构层次论断阐释的，历史上不同文明或民族中使用不同语言的群体之间都有根深蒂固的差异。但是在杜梅泽尔看来，一些早期印欧社会及其神话传说显示它们在语言和体系上是相近的，因此这些社会不同于使用其他语言，乃至以其他文明形式存在的社会。但这种差异可能既不明显，也非一成不变。他所说的早期印欧人的独特体系可能是这些社会在发展过程中处于相同阶段的结果，而并非因为它们有共同语系。而且，三个层次的文化结构可能是任何社会存在都必需的；具体而言，社会存在需要社会秩序（包括言说该秩序存在的理由），需要防范外来威胁，需要维持生命所必需的物质供给。如果情况是这样的，那么分隔一种文化与另一种文化的所谓独特性，要么言过其实，要么会因历史发展而变化。也许日益频繁的国际贸易和诸如人权的种种观点会让民族或文明之间的分化减弱。

可是，即便是那些对人类心存善良的人们也一定会怀疑社会发展究竟能在多大程度上减弱人类的分化。这是因为，普世的一神教、国际贸易以及全球范围四通八达的通讯丝毫没有减弱人类内部的分隔。这些文化方面的发展甚至也未能减弱一个特殊文明内部的严重分化，不论是民族范围还是其他范围的分化。20世纪发生了太多的事件，可以说明这一点：犹太-基督教文明经历的两次世界大战和法西斯主义；东方文明中，日本具有
101 种族性质的军国主义、印度教军事暴力以及中国和越南之间的武力冲突；还有伊斯兰教文明中伊朗和伊拉克之间的战争。

历史上，普世的一神教的确通过在广泛的共同体内部建立统一的信仰，削弱了先前存在的地方群体间的分化；但这样做也常常促使地方群体形成稳固的民族。例如中世纪早期欧洲的法兰克民族之所以形成，是因为他们相信自己是被上帝特别选中来捍卫基督教的民族；他们的确捍卫了，针对的却是同样

信仰基督教的其他群体。同样，公元4世纪到8世纪亚美尼亚人因接纳基督教而成为一个稳固的民族。普世宗教加强民族稳定的例子在前一章中已有所述，在其他文明中也能发现类似情况：公元5世纪始，僧伽罗人就认为自己是斯里兰卡的佛教民族，与印度教相对（还有塔米尔人）；公元16世纪期间，伊朗民族得以进一步巩固，因为他们相信自己是什叶派民族，与奥斯曼人的逊尼派截然对立。

由此可见，看上去对人类文化统一起到促进作用的因素——如一神教和国际贸易——和对人类统一起到限制作用的领地内亲属关系，这两者之间的关系很复杂。这是因为，尽管文化发展会促进人类统一，但限制其统一的传统文化因素也会持续存在。比如，想想最近发生的"地区主义"运动的事例，从中可以看出民族独特性不是绝对的。这些"民族开端"运动不仅出现在技术相对不发达的亚洲地区——例如克什米尔，也出现在经济发达地区。这些地方是现代生活方式传播的主要渠道，强调全人类，如魁北克、苏格兰和尤兹卡迪，都应享受人权。但愿这些分化现象只在历史上存在！但愿国际贸易的影响能把这些分化很快清除！但事实却与此相反。 102

认识到将不同民族区分开来的所谓"天赐性"这一民族特征可能是种种历史原因所致，只能引发更多的问题。以历史为依据来考察民族的区分，说明民族可能是人类想象的产物，即它和任何其他群体关系都不是生物意义上给定的（这些关系在覆盖范围之大、形成目的之广方面所具有的多元化态势也说明了这一点）。既然如此，我们应当如何理解这种人类想象力的创造空间？为什么应该有不同的文化传统存在？为什么它们在历史上才出现就如此普遍、如此持久？为什么它们要反反复复地通过亲属关系来表述？既然人类具有创造力，人类的关系又是“人为的”，这些关系有可能不是任意形成的吗？如果不是，民族的形成是必然的吗？或者是出于分化的生物取向？

“我们”相对“他们”的生物论

人们用各种各样的生物学观点来解释人类由于文化不同而形成不同的群体，民族是其中之一。有一种解释是经济竞争，即有限的资源难以满足不断扩大、常常相互冲突的人类的欲望（不仅包括直接是生理上的饥饿感，还有更复杂的目标，比如对名望的追求），结果人们集结成群，各个群体之间相互争夺这些资源。但是，这种解释只停留在对人类生物性的一种特殊理解上，如托马斯·霍布斯关于国家政体的著名论断所述：人们认识到只有群居，个体的生活才可能更有保障。这些解释试图用生物进化论的术语阐明人类为生存而适应环境的一些

103 策略。

一些新达尔文主义者和进化心理学家认为，人类形成相互竞争的群体是为适应环境而反映出的“合群”现象；也就是说，面对资源有限以及如掠夺者、陌生人之类的威胁人类基因延续的情况，人们仍要延续自己及亲属的基因。其实，如果人类是“进化使然”，要尽可能地延续自己的基因，那么按道理说，为了保证有限的、人人都想拥有的资源，为了保护生命的延续，人与人的团结合作关系（基因延续的一种表现形式）起初以支持自己的家庭为目的，现在则需要扩大到多种形式、更大范围的群体。群体成员认为他们按照亲属关系组成群体，因为这种理解

把种群基因的延续扩展到团结合作的对象。因此，形成各种亲属关系的观念信仰在历史上持久存在，它们在某种程度上来源于生物遗传，同时也促进了生物遗传。

达尔文主义者面对的诱惑是为所有的人类行为提供生物学论述。正如所有关于人类行为的自然淘汰学说一样，自然与文化之间最终没有差别，因为后者必须为前者服务。因此，人类行为的生物学观点认为，互相区别、相互竞争的各种群体必须以适应环境为目的而存在。反之，他们就不会存在。

把生物学事实纳入社会和历史科学也许有其益处。但是，这里同样也出现了问题。首先，人类“进化使然”的含义模糊不清。试想，与其他女性相比，有大学学历的有一半的可能性不要孩子；另外，在生活水平高的国家，孩子相对较少，人口达到零增长甚至负增长。这样一来我们不禁会想，以基因延续为目的的人类“进化使然”一说还有何意义。为什么当有限的资源和其他威胁生存的因素降到最低程度时，一些人——既包括个人 104
也包括全体民族——反而选择不要孩子了呢？这不是削弱了以适应环境为目的的“合群”趋势吗？第二，我们很难用生物学的语言解释人们与那些不相干的人之间的基因关系。远大于家庭的、具有亲属关系的群体文化，通过制定标准——如语言这种文化符号——为其成员在寻求和分配资源过程中的有效合作提供一种结构框架，告诉人们谁可信谁不可信；这种文化的形成究竟是适应环境还是违背环境呢？那些与基因延续的首要条件相矛盾的种种行为又该如何解释呢？比如为民族荣耀而牺牲自我，或民族之间极具毁灭性的战争？

有些达尔文主义者会说，这些例子反映的是人类违背环境而发展，这是由于现代人还有着石器时代的思想，即人类对自然选择和性别选择的适应机制必然滞后于快速变化的文化环境。然而这一说法表明，在任何特殊时刻，自然与许多人类文化行为可能并无直接关系；或者说，即便有直接关系，我们今天仍无法说明具体是什么，因为我们缺乏可以纵览千万年的视野来对此做出论断。

人类行为的多样性

从适应环境的视角来解释人类行为遇到的复杂因素是，文化并不是整齐划一的。人类为追求各不相同，有时甚至互相对立的目标从事着各种各样的许多活动；例如人们趋向于组成各异的、相互竞争的群体，比如民族，也趋向于像一神教那样肯定人类的整体统一。这里的关键问题是应该怎样理解人们在不同
105 的、对立的目标中作选择的能力？例如，是参与战争，保卫自己的国家，还是拒绝残杀自己的同类？这种可供选择的目标以及在它们之间作选择的能力是否表明一种“对世界的开放思想”，或者说“自由心态”？认为人的行为受制于生物因素的学者也许会反对这种可能性。他们会坚持说，人追求自己的“选择”要么是在进化过程中滞后于对环境的适应的结果，要么是获取太多信息以最大化地满足自己的快乐和偏好的结果。但是，这种反对意见未免太过“想当然”，其目的是为了维护基因延续这一阐释模式的绝对权威，在这里指的是生物因素决定人类行为。

承认人类活动目的的多样性，并不否认从达尔文主义或经济视角解释人类行为具有的优势。因为，人类的不同追求、他们彼此关联的社会机构（例如民族和教会），以及在不同目标之间

作选择的能力，的确受生物因素的驱使。然而，这一视角也限制了这些学说的优势。针对人类行为的事实，更好的问题是如何理解人多种多样甚至互相矛盾的行为目的。这些学说让人思考人类组织自身的多种形式以及动物界的生理必然性，或者行为主义之间的关系。这是一个如何澄清人类分化的“天赐特性”这一模糊概念的问题，其中民族就是一个例子。其目标没有那么高，就是提纲挈领地列举在澄清这一模糊概念过程中遇到的种种困难，从而说明其复杂性，而非提供明确的答案。亚里士多德的一些论断将有助于我们集中讨论这些难题。

亚里士多德认为，人即动物，因为他们受生物因素驱动而繁殖并让自己持续存在。但是他也认为，还有其他的特征把人类和动物区别开来，具体而言就是人类的语言能力。虽然有证据 106
证明灵长类动物可以相互交流，但它们的交流能力当然与人类不能相比。当然，即使能够找到人不同于动物的特征，这些特征在动物界也有前期表现形式。可以肯定，进化生物学理论家这样做是正确的：在找寻这些前期特征时，他们假设人是经历了成千上万年，甚至上百万年在上新世—更新世适应环境的过程以后，身体发生了变化，呈现出某些特征。这些适应性特征包括直立行走；利于制造工具、可以灵活转换角度的大拇指；一个增大的、复杂的、出生后显著发育的大脑；既是孤立个体又与他人发生关系的矛盾组合，既在别人面前隐藏自己的欲望（包括自我欺骗），又会在他人面前展示欲望，希望得到承认和赞同；还有不完全受本能操控的行为，以及由此而生的、对新环境的“开放心态”。新环境包括那些由人创造的传统格局，它一旦被创造，就成为人类关注的各种中心，指引着人的行为。在此我重述一下我们的问题：人类创造的各种环境——民族是其中之一 ——在何种程度上是“天赐”的？

亚里士多德还认为，人有“用思想预见未来”的能力。人们会根据对未来的想象把自己组成不同的社会群体，这些组织方式好像有质的区别，试图解决不同的问题，包括那些正在酝酿的问题。因此亚里士多德认为，由于需要解决的问题不同，家庭与城市因不同的目的而相互区别。家庭面对的是传宗接代和生存的问题；城市面对的不仅是生存问题，而且是怎样更好、更优质地生存。这些问题似乎存在质的区别，继而引发出于不同目的
107 的行为，这一点也得到了亚当·斯密的肯定；在《道德情操论》一书中，他注意到人类的分化源于有人以实用为目的，而有人以正确为目的来选择生活方式。

针对什么是正确的生活方式的问题，人们成立了多种多样、有时相互冲突的社会组织（家庭、城市、民族、帝国、普世教会等）。人类对生存意义问题的思考是否说明这些社会组织和人类生物构造之间仅是间接关系呢？亲属关系的形式是多变的，因此这一概念指的不只是一个对象（从连接母亲和孩子的脐带，到同住在一个领地内的同乡关系，甚至到说一种共同语言）。这一点使很多分析者坚信，人创造的各种社会关系和生物学之间只是间接关系。如果是这样，探究民族与生物学的关系这种研究方法的益处便很有限了。因此，分析者面对的问题是考察各种不同的人类行为传统、支撑这些传统的机构、传统及其支撑机构在历史上的演变，以及一种传统与另一种传统之间的关系。这样一来，看清人类行为极大的可塑性便可以解决民族是天赐的这一说法的含糊性，即便这种可塑性是生物特征长期进化的

结果。然而，尽管社会亲属关系形式各异，如何理解这一关系能够在历史上持续存在依然是个问题。

让我们回顾一下这一论断的几个步骤。这是希望理解民族的人面对的难题：人类是动物界的一部分，但又在某些方面与动物有区别。为什么会这样呢？人类有一种特定的能力把自身分为主体和客体，对自身进行思考，并考虑自己的处境；人进而不仅卷入为生存展开的拼搏，而且会提出什么是正确的生活方式问题。这是自我意识能力。然而，对自我的思考能力 108
（“对世界的开放思想”，包括个体的内心世界）也包含人类在面对现在和将来的环境时对自身缺陷的意识，首先就是苦难和死亡。西方文明里，人类对自身缺陷的意识所产生的痛苦最经典的表达是《创世记》第三章中描述的，亚当和夏娃“睁开眼睛”，发现自己赤身裸体，羞愧不堪。

为了满足认识世界的渴望和随之而来的焦虑，人在思想领域寻求并建立各种秩序以规范自身的行为。这些各种各样的秩序——传统——以不同形式的社会关系表现出来。人们通过对人类经历的思考产生对生活意义的不同理解，从而形成各种社会关系。他们认为生命的意义在于繁衍传承，因而形成了家庭、宗族和民族这样的亲属关系；对自由生活的向往通过各种自治政府的政治关系，如民主政治展现出来；以摆脱苦难生活为主导的生活方式也通过不同宗教传统以及教会组织呈现出来。

这些关系的形成以及支撑它们的传统，可能会有生物方面的特征。比如试图把生存焦虑降到最低，或者进化生物学所说的适应策略，便是从对缺陷的意识或对生存的不确定性中产生的。也许针对这种自我意识形成的社会关系是动物界中支配其他动物行为与生俱来的生物本能在人类身上的体现。换言之，与动物界所见的完全支配其活动的发达的本能机制（包括动物109 的共生状态，就像蜂巢里的蜜蜂一样）对比，人类创造了更广泛的社会关系来规划自身行为，从而降低他们因缺乏操控行为的本能机制而造成的不知所为的焦虑。

这些规范行为的社会关系提供熟悉的传统模式，这种模式是继承而来——当然不是通过基因遗传，而是通过文化传承。人出生后思维发展的结果，是向一种特殊的文化传承"敞开"（或者借用进化心理学和认知科学的术语来说，大脑运行部分不受某种具体本能控制）。例如，孩子的思维不断发展，在所成长的社会环境里学习语言和其他传统。这样，文化继承成为人自我认识的一部分；个体在这种文化中长大，传统模式带来的熟悉感就会深深渗透到个体的心理和习惯之中。文化传承的主要工具是语言；如杜梅泽尔所说，掌握一种语言就是掌握语言表达的内容，而且使用共同语言的人们也共享一种熟悉的文化。也许个体继承的这一熟悉模式及其在降低生物意义上生存焦虑的重要作用，在某种程度上说明了为什么人们总认为相互关联是民族的一大特点。民族重要性的一部分在于它是熟悉模式的一种构架。如果是这样的话，为什么共同语言常被认为是民族特征的一个要素，以及为什么把语言作为一种独特的文化传承予以保护对民族成员来说如此重要，其原因就变得清晰可见了。

尽管文化传承有可能包含生物适应环境的行为因素，人类还是能通过提出什么是正确生活方式的问题来表明对这一传承采取的批判态度。假如社会关系——包括民族——的形成真的包含人类适应环境的行为成分（再说，人类是动物界的一

部分，怎能没有这一成分呢？），人的反省能力便闯入在其他方 110
面具有决定论特征的人和环境之间的关系，包括人们所继承的文化环境。这样一来，个体与环境、一个个体与另一个个体之间的关系便有待思考和评判。让我们来考虑以生育后代为目的的男女结合这个例子。

人类意欲繁殖后代，并为了生育而结成夫妻关系，这其中生物本能的作用无论有多大，都将受到思维的控制。人类在衡量生育的生物欲望时，生育本能便有多种变化趋势，这一趋势通过人类配偶的多种形式反映出来——不仅有一夫一妻，还有一夫多妻、一妻多夫、乱交（比如嫖妓、偷情）和婚配后男女分开（如离婚）等情况。种群内呈现的多样性即便只限于由生物本能驱使的性关系，也只有人类才有。人的确有可能完全克制生物因素决定的生殖欲望，并拒绝由这种欲望决定的家庭社会关系。这一决定源于对正确生活方式的不同理解，如《马太福音》19：12中所说，“有这样的阉人，是为天国的缘故而自阉的”。

不同的社会关系

人还具备其他能力，使自己有别于灵长类动物。人的自然居住环境似乎并不自然，即人有适应多种环境的能力，也有形成各种关系以解决各种突发情况的能力；这种能力指的是超越行为机制中嗅觉、触觉和视觉所能适应的空间范围，也指超越现在的时间范围而放眼于过去和将来。人的这种能力在以远距离商
品贸易为目的而形成的关系中显而易见；许多宗教也反映了这 111
一能力，人们认为古时候发生的事件——如耶稣被钉于十字架上——与人现在的行为有关。人的适应能力也反映在民族的创

造中。虽然地图这种代表民族的图画形式通过想象延伸了人的视野，民族领地之广仍然超越了任何人所能嗅到、触及和看到的空间范围。人形成这些关系的能力表明人具有一种想象力，它使人相信空间距离遥远的地方在某种程度上可归自己所有；相信过去发生的事件与现在有关；相信对未来的展望是出于对现在的考虑；相信另一个人的过去、现在和将来的身份也是自己的身份。各种关系可以根据上述时空标准的变化相互区分，而我们在此探寻的是民族的区分标准；还有另外一个区分标准即社会关系形成的目的。

人心目中对过去和现在事情的印象，或者对未来的想象，如果和另一个人一致，这种印象和想象便成为个体之间相互评判的标准。一个人对他人的印象决定了他对那个人的特征做出的评判，但这些特征可能是真实的，也可能不是。评判的结果就是对他人的归类：一个人要么在某种程度上与另一个人相似，构成“我们”；要么与另一个人不同，被认定为“他者”。民族是构成“我们”的例子，被认同的特征是出生地；基督教也是构成“我们”的例子，被认同的特征是相信耶稣基督是救世主。这种同异程度随着对另一个个体认同和判定标准的不同而变化，也因为形成社会关系的目的不同而变化。这种目的反过来又影响对评判标准的选择，并决定某种标准是否重要。

社会关系建立在对共同点的认同或缺乏认同的基础上，可
112 能是时断时续的，如粮食生产商通过合同和买方建立的关系。这种关系受时间影响，因为粮食生产商决定和买方建立合同关系是建立在过去的经验和希望未来盈利的基础上的。这一关系还受空间影响。合同双方可能会像在乡村集市那样“面对面”，

也可能像从事国际贸易那样，距离彼此很遥远，从未谋面。假如出于每个个体都能得到预期利益的目的而签订合同，却未能形成“我们”这样的群体关系，双方就会成为竞争对手，他们之间就会有“他者因素”出现。这种关系是时断时续的，因为它只在合同有效的情况下才能维持。

以商品交换和服务现代生活为目的而构成的经济关系，其特点是合同双方之间范围广阔的市场不受个人操控。合同双方在寻求各自的利益时，除了希望（基于信任）双方诚信地履行合同规定的义务，在理想状况下一方或者悬置，或者完全忽略对合同关系中另一方品质的看法。因此，在高效的经济关系中，决定个体之间异同的民族和宗教成分应该与签订商品交易和服务的合同无关。这种理想的经济关系不受个人左右，其先决条件是一种宽容态度：一些评判标准暂时被搁置，或被视为与维持这一经济关系无关。如经济学家和哲学家弗兰克·奈特所言，自由贸易将“生存和允许生存”的学说视若至理名言。

建立在宗教机构上的社会关系比基于市场的经济交换关系在时间上更为持久。因为与后者相比，宗教关系的评判标准确 113
定的是个人生存的最基本的东西。在这种情况下，判定两个信徒彼此相同，是因为他们都认同过去发生的同一个事件决定了他们的现状——如一种有罪状态，并认为还会有另一个事件决定他们的将来，即是否被救赎。不认同这种过去和将来，也不以此规范自己行为的人在宗教机构之外则被视为外人。宗教组织成员认为这些人会下地狱。宗教机构的特点是明确其组织目的的评判标准，比如基督教认为耶稣是救世主，伊斯兰教认为穆罕默德是终极的、真正的先知；这些评判标准决定宗教关系的存在。在这两个例子中，空间标准在人评判另一个人时并不起重要作用。

回到民族，它还有一个很重要的评判成分。除了法律对人身份的“同化作用”，人们相互之间对彼此身份特质的判断也决定了他们一生的身份。人们使用的评判标准很重要，它强调人类内部分化，使民族得以存在。但当人们结成经济关系时，至少理论上有一种相互宽容，原先的评判标准就不那么重要了。同样，基督教、伊斯兰教和佛教的评判标准也和民族不同。这几种宗教至少在教义上都强调普世的兄弟情谊，拒绝人类的民族分化。

世上的宗教是信仰的宗教。人可以接受不同的教义而成为基督教徒、穆斯林或佛教徒。衡量民族成员的特质与此不同，
114 它是看出身情况，通常是看其是否在民族领地内出生。这一着眼点产生了从家庭到民族的亲属关系，限制了社会关系的广泛发展趋势。但是，各种各样的历史因素——法律、政治、通讯和宗教——可以通过在广阔领地内创造统一的文化来延伸这种亲属关系。民族构成的“我们”比家族、部落或城邦这些领地群体更大，因此，领地内亲属关系的扩展显然是有可能的。也许有一天，人在哪里出生这一区分标准的重要性会在人们意识中渐渐淡漠，但目前还没有发生。况且，人类其他思想——例如渴望政府自治的自由——的干扰也制约着这种情况的发展。不论是什
115 么原因，人类分化成各民族的现状还是一如既往。

第八章

结　语

本世纪初，民族仍是人类组织、划分和衡量自身的一种方式。并且，民族主义这一不利于人类和睦相处的意识形态常常悲剧性地持续存在着，在不同程度上钳制着人的思想。一些人着魔于民族主义，从而被极端偏执思想所迷惑，在巴尔干、克什米尔和库尔德斯坦境内残杀无辜百姓，毁灭他们对快乐日常生活的憧憬，就像荷马在《奥德赛》中描述的塞壬对奥德修斯及其手下的威胁。荷马描述的彻底着魔状态所具有的破坏潜能，今天仍可以用来形容民族主义意识形态的危险性，这说明在某种程度上，数百年以来人类面临的问题并没有多大改变。本书旨在弄清楚，已有大约三千年之久的巴别塔的故事是如何解释以下问题的：人类划分为不同的民族，每个民族的形成都围绕着自己领地内的信仰、语言，以及所谓独特的生物意义上的亲属关系。区分不同人类群体的特征也可见于《创世记》的第十章，其中《圣经》里希伯来文的“goy”一词在大部分英语版本中都译为“民族”。 116

对人类划分为民族进行的学术研究始于18世纪后期。到了20世纪，此类著作大量增加。这有几个原因：一是试图理解并接受第一次世界大战的残酷。当时人们天真地以为第一次世界大战会结束一切战争，但在一个民族敌对其他民族的情况下，有千百万人遭到残杀。其他原因还有人们对时任美国总统伍德罗·威尔逊于1918年提出的民族自治原则的重视，这是针对奥匈帝国和奥斯曼帝国的解体以及战后兴起的国际联盟提出的。

民族和民族主义意识形态方面著作的出现很快又有了更多原因：意大利和德国法西斯、第二次世界大战，以及在亚洲和非洲兴起的、以民族自治为名来摆脱欧洲控制的政治运动。法西斯的出现要求人们对其进行更精确的分析，这表明有必要把民族和作为一种意识形态且不利于人类和睦的民族主义区分开来，也要把民族和这一意识形态更怪异的表现形式——法西斯主义——区分开来。第二次世界大战后为民族自治而兴起的政治运动清晰地表明了民族的动机，即作为一个独立的民族国家来自由决定自己的事务。

在民族的概念上人们一直存在理论上的争执。这些争执可粗略地归为两种：一种是民族文化（其性质也是一个分歧点）在多大程度上决定个体性格形成这个问题。个体对自身的理解可以有不同的方式，比如作为家庭成员、民族一员，或一个世界性宗教的教徒。其中作为民族一员这种自我认识有多重要？为什
117 么它有时比对自我在其他方面的认识更重要？

第二种争执是关于民族的出现在多大程度上是近期历史上发生的。许多经济学家、政治学家和社会学家认为，政治上人人

平等的理念（表现于民主和现代形式的公民身份中）、工业资本主义（要求分布领地范围广泛并有统一文化的人口）和现代的通讯方式促使民族出现。他们把这些政治和经济上的发展定性为“现代化”。我在本书中提供了证据，质疑民族是历史上的新生物这一论点的价值。同时我也作了这样的预想：现代化的结果之一就是使国际劳动分工不断加剧，形成欧盟这样的组织，而民族不久也将会消失。

然而，现在发生的事件加剧了这些争执，并引发了其他分歧。与民族消失的预见相反，苏联解体和德国统一以后的形势更加证明了在现代化和国际劳动分工不断深入的情况下，民族情结仍会持久存在。在过去二十年间，这种民族情结有时表现得极为热烈而可悲。比如民族主义这个迷人的塞壬在巴尔干施展魔法，让那些人坚信不仅他们的受害者，就连他们自己也不能享受快乐的日常生活。与之前关于现代化的分析矛盾的是，在北美和英联邦这样的现代文明生活的核心地带也兴起了魁北克地区和苏格兰民族的分裂运动。所有这些以及其他事件——如印度和巴基斯坦之间的持续冲突、非洲族裔间的战争以及宗教在这些事件中一贯的重要作用——表明，面对明显反民族的意识形态（当然包括但不限于社会主义）时，民族情结具有持久、 118
灵活的特点。有些社会主义者承认民族的持久性，并随之修正自己的观点。当今的正统学术观点认为人类行为极其自我、功利，民族情结的持久性使这一观点变得复杂，因此需要解释清楚。民族成为学者们遇到的空前棘手的问题。

20世纪发生的事件对渴望理解民族和民族主义的人来说极为重要。对这些事件的诠释以及对其引发的理论纷争的探讨，是当前学术界讨论的重要话题。例如，民族是否是现代产物；个体对民族形象和认同该形象的其他个体的亲近感有何特点。然而，本书论述民族主义的意义不仅限于在那些纷争的基础上表一家之言。我探求的问题与那些纷争有关，却出于不同的角度。本书的核心问题是考察民族的存在说明了人类怎样的特性。对该问题的探求并不意味着忽略那些学术纷争——我也是其中的参与者，而是想表明它们不是本书立论的中心。

为了回答这一问题，我们必须设想民族为什么存在。学者们常常对此避而不谈，因为他们希望避免一切设想的成分。由于拒绝参与讨论民族揭示了怎样的人性，学者们也错误地避开了这个问题：民族为何是人类如此感兴趣且迫切关心的问题？

如前面的章节所说，民族持久性和重要性的一个原因是人类对生存力，尤其是人类本源的关注。由于这种关注，他们围绕本源形成了关系。其中最显而易见的例子就是围绕父母这一生命来源而形成的家庭关系。注重本源可能是各种亲属关系具有持久性的原因，尽管这些关系在不同的历史阶段表现形式有所不同。亲属关系结构变得更为复杂，是因为民族在关注生存之上又引入了范围辽阔却团结统一的领地的概念。出身情况是家庭和民族形成过程中必须考虑的。父母把孩子的优质生活放在第一位；民族成员会为本民族的繁荣兴旺而献身；这种自我牺牲的行为在20世纪频频出现，需要我们予以重视。

然而，这并不是人类组织自己的唯一理由。还有其他人类关系超越了对生存力的注重，关心的是正确的生活方式。在宗教领域，这两种关系的对比反映在众神教和一神教的对比上，这两种教派都持久存在于人类活动中。

政治的任务不是去否认这些主导人类行为的不同目的。毫不妥协地维护一种目的，并以牺牲其他目的为代价的行为，只能导致完全着迷于一种要么是民族主义、要么是原教旨主义的意识形态表达。政治的任务是出于对社会集体利益——尽管难免有些模糊——的关心，通过理智地践行文明美德来对不同目的所要求的不同生活方式做出巧妙的裁决。 120

索 引

（条目后的数字为原书页码，见本书边码）

D

E

F

G

H

I

J

K

L

M

N

O

P

Q

R

S

T

U

Steven Grosby

NATIONALISM

A Very Short Introduction

121

Contents

Acknowledgements

Of the many scholars whose work on nations and nationalism has influenced my thinking on these subjects, three merit special mention: John Hutchinson, Anthony Smith, and Edward Shils. From John Hutchinson, I have acquired a greater appreciation for the component of cultural symbolism in the formation of the nation. The important work of Anthony Smith must be the point of departure for anyone wanting to understand nations and nationalism, as Smith has clarified the problems of this entire field of study. Over the years, I have returned again and again to the writings of Edward Shils, understanding better each time his insight that all societies consist of a continual interplay of creativity, discipline, acceptance, and refusal, against a shifting scene of the different pursuits of humanity. I gratefully acknowledge a research fellowship from the Earhart Foundation that afforded me the time to complete this book.

List of illustrations

The publisher and the author apologize for any errors or omissions in the above list. If contacted they will be pleased to rectify these at the earliest opportunity.

Chapter 1
The problem

What is so important about the existence of nations? Throughout history, humans have formed groups of various kinds around criteria that are used to distinguish 'us' from 'them'. One such group is the nation. Many thousands, indeed millions, have died in wars on behalf of their nation, as they did in World Wars I and II during the 20th century, perhaps the cruellest of all centuries. This is one of the reasons why it is so important to understand what a nation is: this tendency of humanity to divide itself into distinct, and often conflicting, groups.

Evidence of humans forming large, territorially distinct societies can be observed from our first written records. Writings from the Sumerian civilization of the area of the Tigris and Euphrates Rivers from approximately 2500 BCE record beliefs that distinguished the 'brothers of the sons of Sumer', those of Sumerian 'seed', from foreigners. During the 16th century BCE, Egyptians thought themselves to be distinct from both the 'Asiatics' to their east and the Nubians to their south.

I [the Egyptian Pharaoh Ka-mose] should like to know for what purpose is my strength . . . I sit here [in Thebes] while both an Asiatic and a Nubian have his slice of Egypt . . . A

man cannot dwell properly when despoiled by the taxes of the savages. I will grapple with him, and rip open his belly. My wish is to save Egypt and to smite the Asiatics.

From a speech of Pharaoh Ka-mose

In the early Chinese writings from the period of the Warring States (481–221 BCE) to the Qin and Han Periods (221 BCE to 220 CE), distinctions were drawn between the self-described superior Chinese and those who were viewed by them to be less than human aliens, the *Di* and the *Rohn.* In the tenth chapter of the book of Genesis, there is recognition of territorial and linguistic divisions of humanity into what the ancient Israelites called *gôyim.*

These are the sons of Shem according to their clans and languages, in their lands according to their nations (*gôyim*). These are the clans of the sons of Noah according to their lineage in their nations (*gôyim*).

Genesis 10:31–32

In the 5th century BCE, the historian Herodotus asserted a 'common Greekness' among the Hellenes.

Then there is our common Greekness: we are one in blood and one in language; those shrines of the gods belong to us [both the Spartans and the Athenians] all in common, and the sacrifices in common, and there are our habits, bred of a common upbringing.

Herodotus, *The History*

Plato and Aristotle divided humanity between Hellenes and *bárbaroi*, the barbarian peoples from Asia Minor. The Greek '*bárbaros*' may have its origin as an onomatopoeic designation for the foreign speech of the peoples from Asia Minor that was incomprehensible to the Hellenes. However, in the aftermath of Greek wars with Persia, it acquired a tone of contempt that continues to this day in our use of the term 'barbarian'. Moreover, in his description of the ideal republic, Plato described a familiarity that bound together all those born as Hellenes, as if they were all members of the same familial household. As a consequence, he thought the barbarians were not only foreign to the Hellenes but also their enemies by 'nature'.

> **I assert that the Greek stock (*génos*) is, with respect to itself, its own [as if of the same household] and akin; and with respect to the barbarian, foreign and alien. Then when Greeks fight with barbarians and barbarians with Greeks, we'll assert that they are at war and are enemies by nature.**
>
> **Plato, *The Republic***

Plato used the term *génos* to refer to this familiarity that bound together all those born as Hellenes. What is the character of those societies designated by such terms as the biblical Hebrew *gôy* and the Greek *génos*? These societies have something to do with birth, territory, and being related in some way, a kinship of some kind. Were these ancient societies 'nations'?

Such divisions, where one group differentiates itself from and opposes another, continue at the beginning of the 21st century: both Chechens and Ukrainians consider themselves to be different from Russians; Kurds distinguish themselves from both Iraqis and Turks; the Taiwanese seek an existence separate from mainland China; Slovaks and Czechs have separated, forming distinct national states; Kashmir is considered by some not to be part of India; and so on. The goal of this book is to examine this tendency of humans to separate themselves from one another into those distinct societies that we call nations.

Having recognized this, it must also be acknowledged that human beings exhibit another tendency, when they engage in activities in which it seems not to matter who were their parents, where they where born, or what language they speak. These activities, rather than asserting divisions within humanity, bring people together. For example, scientists are concerned with understanding the physical facts of the universe, such as the nature of light. Light itself is not English, French, or German; and there is no English, French, or German scientific method. There is only science. To speak of a supposedly racial or national scientific method, as when the Nazis insisted that there was an 'Aryan science', is to betray the character of science by introducing considerations that have no place in understanding the physical aspects of the universe. Other notable examples of activities and their corresponding conceptions that bring humans together are the monotheistic religions and commerce. Furthermore, throughout history, empires, such as the Roman and Ottoman, have sought to unify their peoples as a political alternative to nations. Thus, while an individual often understands himself or herself as a member of a particular nation, one may also recognize oneself as a part of humanity.

If a proper examination of the question 'what is a nation?' requires consideration of the tendency of humans to assert distinctions, then it must also take into account those activities that unify humanity. To fail to do so will only result in a misapprehension of the significance of the nation in human affairs; and it is precisely an inquiry into that significance that is the focus of this book. We are concerned, above all, with the question 'what does the existence of nations tell us about human beings?' But what is a nation, and what is nationalism?

Many wrongly use the term 'nationalism' as a synonym for 'nation'. Nationalism refers to a set of beliefs about the nation. Any particular nation will contain differing views about its character; thus, for any nation there will be different and competing beliefs about it that often manifest themselves as political differences. Some may view their nation as standing for individual liberty, while others may be willing to sacrifice that liberty for security. Some may welcome immigrants, and support policies that make it easy for them to become citizens; while others may be hostile to immigration. To take another example, consider disputes today in India. Some members of that nation have a narrow, intolerant view of their country by insisting that it should have only one religion, Hinduism; while others think that there should be freedom of religion such that Muslims, Sikhs, and Christians are rightly members of the nation.

Distinctive of nationalism is the belief that the nation is the only goal worthy of pursuit – an assertion that often leads to the belief that the nation demands unquestioned and uncompromising loyalty. When such a belief about the nation becomes predominant, it can threaten individual liberty. Moreover, nationalism often asserts that other nations are implacable enemies to one's own nation; it injects hatred of what is perceived to be foreign, whether another nation, an immigrant, or a person who may practise another religion or speak a different language. Of course, one need not view one's own nation and its relation to other nations in such a manner.

In contrast to nationalism, the nation is a particular kind of society. But what kind of society is the nation? The answer to this question will be pursued in the next chapter.

However, clarifying further what we mean by the terms 'nation' and 'nationalism', and addressing the other questions raised briefly in this first chapter, involve other related problems: what is a social relation?; what is a territory?; what is kinship?; the appearance of the nation in history; the relation of the nation to religion; and the tendency of humanity to divide itself into different nations. Each of these problems will be taken up in the chapters that follow.

Chapter 2
What is a nation?

The nation is a territorial community of nativity. One is born into a nation. The significance attributed to this biological fact of birth into the historically evolving, territorial structure of the cultural community of the nation is why the nation is one among a number of forms of kinship. It differs from other forms of kinship such as the family because of the centrality of territory. It differs from other territorial societies such as a tribe, city-state, or various 'ethnic groups' not merely by the greater extent of its territory, but also because of its relatively uniform culture that provides stability, that is, continuation over time.

There are a number of complications to this definition of the nation that require careful examination.

Time, memory, and territory

Nations emerge over time as a result of numerous historical processes. As a consequence, it is a pointless undertaking to attempt to locate a precise moment when any particular nation came into existence, as if it were a manufactured product designed by an engineer. Let us examine why this is so. All nations have historical antecedents, whether tribe, city-state, or kingdom. These historically earlier societies are important components in the formation of nations. For example, the English nation emerged out of the historically earlier societies of the Saxons, Angles, and Normans. However, these historical antecedents are never merely just facts, because key to the existence of the nation are memories that are shared among each of those many individuals who are members of the nation about the past of their nation, including about those earlier societies.

There would, for example, have been no nation of ancient Israel had there not been memories about the past, such as the exodus from Egypt, Moses and his bronze snake (which was kept in the Jerusalem Temple until the reign of King Hezekiah (714–686 BCE)), and the reigns of David and Solomon. There would have been no nation of England had there not been memories about the Saxon King Alfred (849–899 CE) and the 'good old law'. Likewise, memories about the Piasts (10th–12th centuries CE) and their kingdom were components in the emergence of Poland as a nation, as were those about the Yamato Kingdom (4th–7th centuries CE), with its worship of the sun goddess Amaterasu at Ise, for the Japanese nation.

The events described by such memories may not be factually accurate: for example, the ten plagues in the ancient Israelite account of the exodus from Egypt, or that the Japanese emperor is a descendant of Amaterasu. Every nation has its own understanding of its distinctive past that is conveyed through stories, myths, and history. Whether historically accurate or not, these memories contribute to the understanding of the present that distinguishes one nation from another. This component of time – when an understanding of the past forms part of the present – is characteristic of the nation and is called 'temporal depth'.

These memories also form a part of the conception that one has

1. The main sanctuary of the Japanese sun goddess Amaterasu at Ise

of oneself. As the mind of the individual develops within various contexts, such as the family or different educational institutions, it seeks out those various and fluctuating traditions that are 'at hand'. The child learns, for example, to speak the language of his or her nation and what it means to be a member of that nation as expressed through its customs and laws. These traditions become incorporated into the individual's understanding of the self. When those traditions that make up part of one's self-conception are shared by other individuals as part of their self-conception, one is then both related to those other individuals, and aware of the relation. The relation itself, for example living in the same geographical area or speaking a common language, is what is meant by the term 'collective consciousness'. This term in no way implies the existence of a group mind or a combination of biological instincts, as if humans were a colony of ants. Rather, it refers to a social relation of each of a number of individuals as a consequence of those individuals participating in the same evolving tradition.

When those individuals not only participate in the same tradition but also understand themselves as being different from those who do not, then there exists a self-designating shared belief, which is called a 'collective self-consciousness', that is, a distinctive culture. Properties or qualities of a tradition are recognized which distinguish it from any other; they are the boundaries of the social relation that allow us to distinguish 'us' from 'them'. To return to our examples, those who accept, and by doing so participate in, the tradition of the Israelite exodus from Egypt distinguish themselves from those who do not. Those who worship the Japanese sun goddess Amaterasu distinguish themselves from those who do not. Those who speak one language understand themselves to be different from those who speak a different language. *The nation is a social relation of collective self-consciousness.*

This distinguishing, shared self-awareness is expressed in and influenced by the everyday conduct of the individuals who make up the social relation of the nation, for example the clothes one wears, the songs one sings, the language one speaks, or the religion one observes. It is sustained by various institutions, such as the Jerusalem Temple for ancient Israel, or the shrine at Ise for Japan, or the Parliament for England, that bear those traditions around which the social relation of the nation is formed. Those institutions provide a structure for the nation. Thus, the nation is formed around shared, self-designating beliefs that have such a structure.

However, the nation is formed around shared traditions that are not merely about a distinctive past, but a spatially situated past. Where there is a spatial focus to the relation between individuals, then place becomes the basis by which to distinguish one person from another. The inhabitants of a location understand themselves to be related to those whose self-understanding contains a reference to that location. The location, thus, is no longer merely an area of space; it has become a space with meaning: a territory. Usually this self-understanding revolves around birth in a territory. One thereby recognizes oneself to be related to those who have also been born in that territory, even if they were born before you. In such a situation, there exists *a territorially formed 'people' that is believed to have existed over time; and this is what is meant by the term 'nation'.* This relation is conveyed by variation of a term that simultaneously refers to both the territory and its population, for example England-English, France-French, Germany-Germans, Canada-Canadians, Kurdistan (literally, 'land of the Kurds')-Kurds, and so forth. This variation implies the following conception: a people has its land, and a land has its people. The nation is a social relation with both temporal depth and bounded territory.

The act of seeking out and laying a claim to a past and its location establishes continuity between that past and its location with the present and its location. This continuity is viewed as justifying the order of the present because it is understood as necessarily containing that past. For example, during the early 20th century, many Jews thought that modern Israel could only be located in the area of the eastern Mediterranean because that was where their past – ancient Israel – had existed. The belief in such a continuity provides an understanding of the self and its place in the world. When one says, 'I am English', one recognizes, perhaps often implicitly, various characteristics about oneself, for example having been born in the territory of England, which makes one English.

However, the characteristics (and the traditions that bear them) that contribute to the self-image of the individual are many and varied. Clearly, not all aspects of the self and the many social relations one forms are about being a member of a nation. If one is a scientist, one understands oneself as participating in a world community of scientists pursuing physical, biological, or mathematical truths. If one is an adherent to a monotheistic world religion such as Christianity or Islam, then one may understand oneself in terms of universal brotherhood. However, central to the existence of the nation is the tendency of humanity to form territorially distinct societies, each of which is formed around its own cultural traditions of continuity. *The nation is a territorial relation of collective self-consciousness of actual and imagined duration.*

The nation, kinship, and community

There are usually other understandings of the nation that support the belief in its continuity. It may be understood as having to do with the eternal, hence continuous, order of the universe, usually as an act of the gods, for example the Sinhalese belief that Sri Lanka is uniquely sanctified as a Buddhist land because of the acts of the Buddha on the island, or that the United States of America embodies the order of God's nature as proclaimed in the Declaration of Independence. Often the continuity of the nation is thought to be a result of a supposed descent from a common ancestor, examples of which are the ancient Israelite belief that the Israelites were descendants of Abraham, the belief that the Japanese are descendants of the first emperor, the Romanian belief that the Romanians are descendants of the ancient Dacians, and, for China, the belief that there is a Han race. Such beliefs in a supposedly common descent are in many cases without factual basis; yet they appear repeatedly throughout history. What accounts for their persistence; and how do such beliefs help us to understand what is a nation?

Humans are preoccupied with vitality; that is, a concern with the generation, transmission, sustenance, and protection of life itself. The obvious social relation formed around this preoccupation is the family. However, the numerous individual families of the nation understand themselves to be just that; thus, the continuation of the nation into the future is understood as entailing the continuation of the families into the future. From everything we know historically and anthropologically about humans, they have always formed not only families, but also larger groups of which families are a part. Parents transmit to their own offspring not only their 'flesh and blood', but also their own cultural inheritance – their language, customs, and so forth – of the larger group, of the nation. This cultural inheritance is usually viewed by the parents as being quite precious to their existence. This inter-generational transmission of one's culture may be part of the reason for the tendency to view the nation as a form of kinship, because what is being transmitted is a part of one's self to one's descendants. However, there is another reason for this tendency.

As discussed, birth within the territory is also recognized to be the criterion for membership in the nation. There is thus a commingling of recognition of two lines of descent: descent in the territory of the nation and descent from parents who are members of the nation. This criterion of birth, and the traceable relations formed as a result, is why the nation is a form of kinship.

Kinship refers to recognized traceable lines or relations of biological descent, for example a child is related to his or her parents because the child is recognized as being descended from them through birth. Broader relations of descent are also perceived, resulting in, for example, the acknowledgement of aunts, uncles, and cousins.

This fact is not to lend credence to beliefs such as that the Germans are descended from ancient Teutonic tribes, or that the Japanese are descended from the emperor, or that there is a Han race. All nations are formed over time out of a combination of different populations, and all nations have immigrants. Although for those immigrants to become members of the nation, they must usually undergo a legal process of 'naturalization'; that is, they must be transformed as if they had been born in the national territory.

This focus on birth places the nation within the continuum of groups of kinship. It is this element of kinship that the prolific scholar of nations and nationalism Anthony Smith has rightly sought to capture in his argument for the existence of what he characterizes as the 'ethnic' element in the nation.

Similar to the nation, one is born into an ethnic group. Because of this characteristic of birth, both the ethnic group and the nation are often perceived as being 'natural' relations. Despite this perception, both of these forms of kinship incorporate other cultural traditions, such as language and religion, as boundaries of the social relation. While it is sometimes difficult to distinguish clearly an ethnic group from a nation, ethnicity tends to emphasize beliefs in descent from a supposed common ancestor or ancestors, as if the ethnic group were an extended family, while the focus of the nation is territorial descent. Important to realize is that kinship is an ambiguous relation, as it is a consequence of the perception of being related. Usually any nation contains within it numerous ethnic groups.

The nation is a community of kinship, specifically a bounded, territorially extensive, temporally deep community of nativity. The term 'community' refers to a level of self-consciousness of the individual such that one recognizes oneself to be necessarily and continually related to others, as occurs, for example, through birth. The obvious example of a community is the family, where one is always related to other members of the family, irrespective of disagreements between those members. Important for understanding the nation is to recognize that relations that are perceived to enduringly bind one individual to another are possible not only within a family, but also within the territorially extensive, modern nation.

There have been those who have thought, because of these

enduringly binding relations, that the nation designates an idyllic condition of a conflict-free unity. Such a romantic view of the nation can be found in the work of Johann Gottfried von Herder in the 18th century and Johann Gottlieb Fichte in the 19th century. However, no community is free from conflict. Even within the family, there are jealousies and resentments. In the village – often appealed to as a romantic example of a community – there exist many different kinds of attachments as cause for conflict. There are friendships and animosities, groupings distinguished by economic activities and their corresponding interests, for example farmers and traders, and usually competing families.

In contrast to the romantic view of the nation, the actions of the members of the nation involve many different, even contradictory, pursuits. In *The Theory of Moral Sentiments* (1759), Adam Smith caught well these contradictory pursuits when he observed:

> There is many an honest Englishman, who, in his private station, would be more seriously disturbed by the loss of a guinea, then by the national loss of Minorca, who yet, had it been in his power to defend that fortress, would have sacrificed his life a thousand times rather than, through his fault, have let it fall into the hands of the enemy.

The problem is how to account for the combination of sentiments of self-interest and self-sacrifice.

There appear to be a number of incomparable purposes of human conduct, or even areas of understanding to which the concept of usefulness does not apply, for example 'beauty'. Nonetheless, one can still agree with Aristotle that 'every partnership is constituted for the sake of some good' and thus isolate the defining purpose of the nation. However, the isolation of that defining purpose is an abstraction that obscures the unavoidable presence of many different factors in the formation and continued existence of any social relation, such as the pursuit of power over another. Having noted this qualification, the character of the nation revolves around the classificatory distinction of a 'we' in contrast to a 'them' arising from the significance attributed to the circumstances of birth: the relations formed as a consequence of being born in the nation's territory. Thus, that 'we' has attributed to it a relation of kinship that indicates a shared locational preoccupation with the generation and sustenance of life, and its transmission over time.

Patriotism

The preoccupation with vitality involves establishing different kinds of limits or boundaries to respectively different kinds of relations of vitality. Humans draw a distinction between their own children and those of another. One usually does not love another's children as if they were one's own. And one does not usually love another nation as if it were one's own. Such a limitation on the recognition of, and the love for, what is understood to be one's own is a consequence of the preoccupation with the continuation of the self, both its biological and cultural components. The love that one has for one's nation is designated by the term 'patriotism'.

The widely used term 'love' as an expression of the attachments that the individual has to his or her nation is not altogether satisfactory because we also employ the same term to describe the attachments one has to one's paramour, children, friends, and god. Indeed, some individuals have genuinely loved all of humanity. What such a wide use of the term indicates is that, in each of these instances, the individual puts aside, or 'transcends', his or her own self-interest for the sake of others. However, understanding properly the character of such attachments should take into account not only the act of self-transcendence common to all of these attachments, but also the different objects of those attachments. Thus, it may be more helpful to distinguish the love for one's paramour or children from the 'love' for one's nation by understanding patriotism as signifying attachments of loyalty to a territorial community. There are often different aspects to the patriotic attachments that one forms to one's nation, as a consequence of the different factors involved in the historical formation of a particular nation. One may, for example, be loyal to one's nation because of its laws, or its customs, or its religion. There are usually many and differing, even conflicting, views of the nation that correspond to these different factors. However, inescapable is the fact that the individual often shows a preference for his or her fellow nationals.

This preference need not take the form of a prejudice against, or hatred of, those who are not members of one's nation. Patriotism need not deny varying and different pursuits by the members of the nation. It need not reject differing conceptions of the nation held by members of the nation, as nationalism often does. Indeed, in so far as patriotism implies a commitment to the well-being of one's country, it provides the basis for working out the differences, involving reasonable compromise, between the individual members of the nation and their differing conceptions of what the nation should be out of a concern for promoting that well-being. The process of working out these differences through compromise is politics. The concern for the well-being of the nation that includes the willingness to compromise is central to the civility between the members of the nation that makes politics possible.

When one divides the world into two irreconcilable and warring camps – one's own nation in opposition to all other nations – where the latter are viewed as one's implacable enemies, then, in contrast to patriotism, there is the ideology of *nationalism*. Nationalism repudiates civility and the differences that it tolerates by attempting to eliminate all differing views and interests for the sake of one vision of what the nation has been and should be. For example, a French nationalism might consist of the belief that to be a good member of the French nation, one must hate everything English and German; and anyone who does not, isn't 'truly' French.

Nationalism knows no compromise; it seeks to sweep aside the many complications that always are part of life as it actually is. As a systematic, uncompromising, and unrealistic view of the world, the ideology of nationalism is relatively recent, appearing, for example, in the German philosopher Johann Gottlieb Fichte's *Addresses to the German Nation* (1808) and later in the writings of such authors as the German historian Heinrich von Treitschke (1834–96) and the French journalist Charles Maurras (1868–1952). One may perhaps observe anticipations of it in much earlier periods, for example in the Roman Cato the Elder's (234–149 BCE) reported hatred of all things Greek.

The formation of a nation

The relatively greater territorial extent of the nation indicates the search for, and the establishment of, a medium between, on the one hand, the precarious isolation of the tribe or city-state, which can be dominated by a larger society; and, on the other, the imperial rule of empire that apparently inescapably involves bureaucratic despotism. The territorial community of the nation indicates an area of cultural familiarity and loyalty between these two alternatives that allows for self-rule. Its existence implies, as Ernest Renan observed in his essay 'What is a nation?', a coming together over time of previously distinct populations that have much in common; it implies a bounded territorial community of custom and law.

There is thus, as the French sociologist Dominique Schnapper observed, a duality to the nation. On the one hand, there is the appeal to the temporal continuity of a territory and a significance attributed to territorial relations as a consequence of birth, both of which account for the character of the nation as a territorial community of kinship. We may formulate this part of the duality as the acceptance of a limiting tradition that distinguishes one nation from another. On the other hand, there is the uneven coming together of previously distinct localities into a national territory and their respective populations into a nation that is abetted by numerous factors, such as: a developing self-understanding conveyed through history, a law of the land, a common religion, usually a common language, and an authoritative centre with institutions capable of sustaining the nation over time (for example, London as the centre of England with the institution of Parliament). This part of the duality represents innovative, expansive tendencies of human conduct in the sense that previously local customs are supplanted, rarely entirely, by a law of the land, a common culture, and a loyalty – patriotism – to the nation with its national territory. The nation represents an uneasy balance of tradition and innovation.

A nation will territorially encompass a number of different localities. While the spatially smaller village, city, and region continue to exist, they are understood by their inhabitants to be parts of the nation. Thus, the common culture of the nation is only *relative*; it is rarely complete such that the inhabitants of the village, city, and region within the nation cease to recognize themselves as inhabitants of such localities. However, during periods of intense patriotic enthusiasm, such as during a war, the attachments of the inhabitants of the local village, city, or region to the nation may become dominant; but such a situation can only be episodic.

Because the nation exhibits only a relative cultural uniformity, it is often difficult to distinguish it from other territorial societies. It is tempting to avoid this difficulty by formulating categories that are differentiated by degrees of cultural uniformity, thereby distinguishing one form of territorial relation from another. For example, seemingly somewhat amorphous 'ethnic groups' that lack a culturally unifying centre or institutions, such as the Aramaeans of the ancient Near East or the Vandals, Avars, and Picts of the early Middle Ages, and even culturally more cohesive societies, such as the ancient Hellenes or Sumerians, are to be distinguished from the culturally relatively uniform nation. While there is merit to these distinctions, one should resist pursuing them too far because historically the processes involved in the formation of the nation are always complicated, making such distinctions difficult in any particular instance. For example, what is one to make of Great Britain, which contains England, Scotland, Wales, and Northern Ireland? Should Kurdistan or Kashmir or Quebec be designated as regions, ethnic groups, 'proto-nations', or nations?

The complications suggested by these questions indicate that we are dealing with uneven processes of an understanding of the self involved in the always historically complex formation of a shared self-understanding, a collective self-consciousness.

Nonetheless, our use of the term 'nation' implies the continuation over time of a relatively uniform territorial culture. Thus, a number of developments that allow for such a continuation and culture may be ascertained. A nation requires a relatively extensive, bounded territory or an image of such a territory, the existence of which usually involves the following: a self-designating name, a centre (with institutions), a history that both asserts and is expressive of a temporal continuity, and a relatively uniform culture that is often based on a common language, religion, and law. Still, it is more faithful to the historical evidence to realize that each of these characteristics is rarely found to be absolute or complete; rather, they are processes in the development of interests, practices, and institutions, all of which are beset with ambiguities and tensions.

Nation, state, and empire

The recognition by the individual that he or she is a member of a nation is but one among a number of the parts of the image that one has of oneself. Described graphically, it is but one layer of a multi-layered self-consciousness. The layer that represents the recognition of being a part of a territorial kinship may or may not coincide with the recognition that one is a citizen of the political and legal relation of the state.

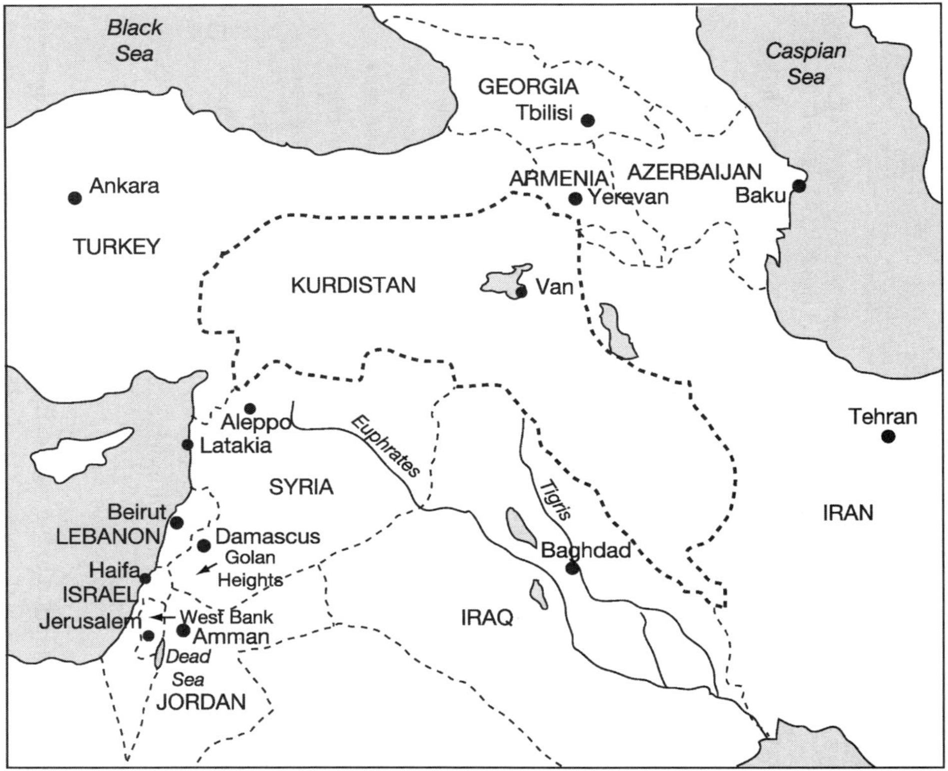

2. Kurdistan, designated by areas that contain a Kurdish majority but which spans sections of Iran, Iraq, and Turkey

The state may be loosely defined as a structure that, through institutions, exercises sovereignty over a territory using laws that relate the individuals within that territory to one another as members of the state.

The legal and political relation of the state is analytically distinct from the cultural community of the territorial relation of kinship, the nation. For example, the imperial states of the Austro-Hungarian Empire and the Soviet Union contained many different nations. Furthermore, nations have existed in the absence of a state, as did Poland during the 19th century and as does Kurdistan today.

The necessity for distinguishing nation from state does not imply that there does not exist a complex connection between these two forms of social relation. On the one hand, nations have been consolidated through a state's exercise and extension of sovereignty over time; for example, the expansion of what was becoming the French nation during the 12th through 16th centuries from the Capetian Île de France to encompass today the territory of France from the Atlantic Ocean, on its western border, to the Pyrenees, on the southern border, with the northern and eastern borders fluctuating over the years depending upon the outcome of war, the latter being often an important factor in the formation of both a nation and a state.

The consolidation of the nation, in this case of the French nation, does not eclipse the various, at times pronounced, regional attachments. Indeed, it is historically rare for one nation to have a state and for one state to have a nation; many of the world's states are sharply divided by regions that sometimes appear to be 'proto-nations', such as Quebec in Canada or the Basque region in Spain.

3. The regions of France

Nevertheless, the state's exercise of sovereignty entails the promulgation of law throughout the area being governed, thereby incorporating various regions into the legal regulation of the state. Furthermore, the effectiveness of ruling is dependent upon the standardization of communication, language and script, throughout the area under the authority of the state. Thus, for example, certainly one factor in territorially extensive China, with its diverse regions, becoming 'Chinese' was the standardization of Chinese script throughout what was becoming China as early as 221 BCE, under the direction of the chancellor Li Ssu. Similarly, an Armenian script was created around 405 CE.

Ա	Ժ	Ճ	Ռ
Բ	Ի	Մ	Ս
Գ	Լ	Յ	Վ
Դ	Խ	Ն	Տ
Ե	Ծ	Շ	Ր
Զ	Կ	Ո	Ց
Է	Հ	Չ	Ւ
Ը	Ձ	Պ	Փ
Թ	Ղ	Ջ	Ք

4. The 36 letters of the Armenian alphabet, created by Mesrop Mashtots around 405 CE

Other cultural policies of the ruling centre of the state, such as the adoption of a particular religion and its propagation throughout the area being ruled, have often contributed mightily to the relative cultural uniformity of a territory. This is apparent in Eastern Orthodoxy, a tradition in which each nation has its own saint and church, such as Saint Sava for the Serbian Orthodox Church.

However, the consolidation of a relatively uniform territory and culture of a national community is rarely exclusively the result of a particular policy or set of policies being adopted and propagated by the ruling centre of the state over a formless population. On the contrary, acceptance of such policies often requires an appeal by the ruling centre to pre-existing traditions, whether to language, religion, or legal code. Thus, the particular policy that the ruling centre chooses to propagate is rarely one capriciously chosen as if it were invented out of thin air, even if that policy represents an audacious transformation of a previously existing tradition. For example, in 1501 CE the Safavid Isma'il appealed to the previously existing tradition of Shi'ite Islam to distinguish Persia from the Ottoman Empire, which observed the Sunni form of Islam. The history of the consolidation and stable existence over time of every state reveals this appeal to, and transformation of, previous traditions in the effective exercise of sovereignty over a territory. In other words, the state, although distinct from the nation, generates a territorial community of kinship such that what emerges over time is a national state.

The exception to this phenomenon of the convergence between two forms of human relation, the state and the nation, is the empire, which contains many nations. We may, today, be witnessing the emergence of the empire of the European Union.

There are no culturally obvious limitations to the expansion of an empire. Its boundaries arise often out of military concerns, as, for example, the construction of the Great Wall of China, begun under the direction of General Meng T'ien in 221 BCE; Hadrian's wall as a demarcation of the northwestern boundary of the Roman Empire in Britain; or the defeat of the Muslim forces under the command of Amir 'Abd-al-Rahman by Charles Martel in 732 CE near Tours that checked the expansion of Islam. The protest to this more or less limitless extension of the sovereignty of an empire has been the assertion of cultural distinctiveness and political independence by various national communities of territorial kinship within, or threatened by, an empire, for example the Judaeans, from 66 to 72 CE and again from 132 to 135 CE against the rule of the Roman Empire, and, in the 20th century, India against Great Britain. The explicitly political objection to empire has been that it denies nations the freedom to determine their own affairs, as expressed by the claim to the right of self-determination. However, it may not always be clear exactly the nature of the 'self' that seeks independence, because such a 'self' is in the process of being formed, as is occurring today in Northern Ireland, the Kashmir, and Macedonia.

The development of cultural distinctiveness through political sovereignty leads us to consider historically the relation between state and nation from the opposite direction: namely, when the nation seeks to become a state. How is this movement from nation to national state to be understood, and, crucially, why does it tend to happen?

The nation seeks a state out of the necessity to protect and preserve the lives of its members; that is, so that the nation, through its representatives and institutions, can act to secure its protection and preservation in the world. If the national state fails to fulfil this purpose (through military defeat or other means), then it risks the possibility of breaking up, because the attachments of the members of the nation to that nation may be withdrawn. New loyalties may then emerge, thereby undermining the existence of the nation. Be that as it may, the determination as to whether the nation forms the state or the state forms the nation is beside the point, as, to varying degrees, depending upon the nation in question, both complicated processes are involved.

The formation of a national state, whether historically a development from state to nation or from nation to state, is burdened with the complications of innumerably different attachments and processes. As was observed, one consequence of these complications is that many national states contain pronounced regional attachments or even other nations. Once again, the territorial relation of the nation is culturally only relatively uniform. Why this is so requires a discussion of the character of the social relation.

Chapter 3
The nation as social relation

Nations are human creations. However, a proper understanding of the nation requires that it be distinguished from other forms of human creation. The nation has the form of a 'social relation'. In order to clarify the character of the social relation and, thus, better understand what a nation is, it will be useful to contrast the social relation with another form of human creation: the tool.

The tool – a hammer, for instance – is a material object whose purpose, as an extension of the hand, is to make human labour more efficient in the shaping of the external world. One can understand the nation as a tool in the organization of life. For example, some evolutionary biologists argue that kinship is a mechanism for establishing an efficient means for an exchange of benefits, because that exchange occurs among individuals who, as fellow kinsmen, trust one another. However, the description of the nation as a tool, whatever its merits, obscures important differences between these two forms. Let us consider another social relation, the custom of greeting between two individuals, in order to distinguish further these two forms, the tool and the social relation, thereby clarifying the character of the nation as an example of the latter.

The social relation

Two individuals, each with their own interests, happen upon one another. These two individuals are merely 'interacting', as they have randomly encountered one another; there is no social relation. However, as one extends his or her hand to the other, these two individuals are no longer interacting. They are now 'participating' in that custom of greeting known as the handshake. There now exists a social relation – the custom of greeting and its performance – between these two individuals. What are the components of this social relation? Firstly, there is the meaning of this custom of greeting. The two individuals in a sense 'find' the meaning of this custom. Where is the meaning located such that it is found? It is located within the consciousness of each of many individuals who recognize and accept the meaning of the handshake as a tradition signifying the acknowledgement between two individuals. Secondly, what is the material out of which the social relation of the custom of the handshake is formed? It is made up of living human beings who make actual the custom by performing it.

The material of the form of the social relation, living human beings, is to be contrasted with that of the tool. The material out of which the tool is formed is inanimate matter. If a hammer is not used, it still remains a tool because it has been established materially out of iron and wood. The tool survives as an object separate from the human beings who live with it. In contrast to the tool, the existence of the social relation of the custom of greeting is dependent upon its performance, which, in turn, requires the recognition and acceptance of the meaning of the handshake. Also, this custom has no separate, material existence distinct from the individuals who participate in, and thereby constitute, the social relation. Thus, the social relation has a dual character: it is at the same time both inter-individual – the two individuals making actual the custom of the greeting – and trans-individual – the meaning of the custom of the handshake in which the two individuals participate by acknowledging that meaning.

As with all social relations, the material out of which the nation is formed are living human beings. In contrast to the tool, the nation does not exist as an object separate from those humans who constitute it. Like the custom of the handshake, where the individuals find the custom of greeting and keep it alive by performing it, the nation is constituted and sustained by individuals who participate in, and by so doing affirm, territorially bounded traditions. These traditions exist primarily in the understanding that each of the many individuals has of himself or herself, for example as having been born in a particular territory. That is why the nation is a form of a shared self-consciousness – a collective self-consciousness, as described in the previous chapter. To be sure, there also exist national institutions of various kinds, for example churches and law courts, which embody, sustain, and propagate those traditions. However, these national institutions are also formed around the continued acceptance and performance of such traditions. The nation has both an inter-individual and a trans-individual structure.

When an individual is born, he or she must fit himself or herself into the already existing nation, which continues to exist when that individual dies. This temporal character of 'already existing' and 'continuing to exist' indicates that the traditions around which the social relation of the nation is formed, for example the national language, are trans-individual; that is, their existence is not dependent upon any one individual, and, in this sense, they are 'objective'. The use of the term 'objective' does not necessarily imply material objects, although the trans-individual traditions of the social relation of the nation may be embodied in and sustained by physical objects such as history books and symbols, monuments and flags.

However, if these traditions are no longer accepted and, thus, not reaffirmed by each generation, then that book of national history or monument or emblem remains merely that and nothing more. For example, the *Annals* of Tilgath-pileser III, King of Assyria

(744–727 BCE), or the *Annals* of the Hittite King Hattusili I (1650–1620 BCE), exist only as objects of interest to historians of the ancient Near East because there is today no Assyrian or Hittite nation. The Roman emblem *SPQR* – an acronym representing 'Senate, People, and Republic' – is of interest only to historians of ancient Rome, or to the visitors of a museum who view the emblem as an artefact of a society that no longer exists. Similarly, the Assyrian, Hittite, and Latin languages, because they are no longer spoken, are 'dead'.

In contrast to these examples, documents such as the American Declaration of Independence, or monuments such as the Lincoln memorial in Washington, DC, or the Arc de Triomphe in Paris, or Buckingham Palace in London, are not 'dead' artefacts of past societies.

They are in a sense 'alive' because the traditions they represent are sustained by continuing to be acknowledged. As these traditions are borne by a state of self-consciousness, they must in each generation be reaffirmed in order for the nation to exist. This dependency on the renewed acknowledgement, however transient and partial, by (some of) the members of the nation indicates that the form and content of the national traditions are susceptible to change. In contrast to the hammer, their form and content are not thoroughly stable or 'fixed'; they are, thus, only relatively objective.

The modification and invention of tradition

Certainly, customs change. They may fade away by not continuing to be acknowledged and performed, or may even be intentionally rejected. Similarly, the trans-individual traditions of the nation and the institutions that embody those traditions undergo change. A nation may transform its tradition of political representation from a monarchy to a constitutional monarchy as the English did. It may even reject altogether such a tradition, as the French did at the end of the 18th century. In this latter instance, since the tradition of the

5. The Arc de Triomphe in Paris

monarchy and the institutions that sustained it were no longer acknowledged, they lost their legitimacy. In political theory, this loss of legitimacy is known as the 'withdrawal of consent'. If this happens, the nation risks breaking up, not because the material of the social relation of the nation, that is, the people, are no longer there, but because the will of each of a number of individuals to continue to understand himself or herself as a member of the nation is no longer there.

The reaffirmation of tradition is never merely a matter of unthinking, changeless repetition, even though those customs that bear national traditions, for example the kind of clothes one wears or the kind of songs one sings, may sometimes be performed in a seemingly thoughtless manner. The reaffirmation of tradition and its transmission from one generation to the next necessarily involves modification to the tradition. Traditions undergo modification because the situation in which the present generation finds itself is always different from that of the previous generation; new problems emerge that elicit corresponding new interests. Often, this unavoidable modification is almost imperceptible, as with the gradual evolution of a language; occasionally, it is a radical transformation, as when revolutions occur. Either way, what it indicates is that no nation can be thoroughly stable as if it were, like a tool, formed out of lifeless material.

Some scholars of nations and nationalism have made much of the fact that traditions undergo modification, drawing attention to examples of various, often radical transformations of how the past is selectively appropriated, such that they speak of the 'invention' of tradition. An example of such an invention is the Scottish tartan kilt. Although preceded by the full-length plaid, which, when belted, left the legs exposed, the kilt was invented in the 18th century. Despite its relatively recent appearance, the kilt has been portrayed as emblematic of the continuity of the ancient culture of the Highlands of Scotland into the present. Likewise, the tartan – cloth distinctively patterned for each Scottish Highland clan – although often assumed to be of considerable antiquity, made its appearance during the early 19th century. Such facts are useful in so far as they clarify that nations (and their customs) are not unitary structures that have always existed. Thus, attempts to read the existence of a united English nation or a Great Britain back into the society of the Celtic King Arthur (early 6th century CE) should obviously be rejected.

However, to concentrate one's attention on the so-called invention of tradition is to ignore the problems posed by the existence of nations in better understanding human conduct. Granted both the occasional invention, and certainly the selective appropriation of the past to serve the concerns of the present (for example, the exploitation by the 17th-century Dutch of Tacitus' history of the Batavian rebellion against Rome in their effort to establish the antiquity and continuity of a Dutch collective self-consciousness), one is still confronted with the tasks of understanding why humans both seek out and radically transform traditions to justify the present, and why those traditions are presented as asserting, or are exploited in the service of establishing, various forms of kinship that distinguish one group from another.

Variation: ethnic and civic nations

As observed in the previous chapter, the flux that is characteristic of all social relations underscores the difficulty in providing precise criteria for the definition of the nation. Even the criteria for membership in a nation, and from one nation to another, undergo over time degrees of modification, for example changing laws of immigration and citizenship. Sometimes membership in the national state is a result of birth to parents who are recognized to be members of the nation, although usually it is a result of birth in what is perceived to be the territory of the nation. The former is often referred to as the 'ethnic' conception of the nation, while the latter is the 'civic' conception of the nation. This distinction may have important political consequences.

The 'civic' criterion of birth in the territory is more likely to facilitate equality before the law, and thus liberty, because all who are born in the territory of the national state are members of the nation and, as such, entitled to citizenship, irrespective of the origin or language or religious beliefs of one's parents. Nevertheless, this contrast between the 'ethnic' and 'civic' conceptions of the nation should not be overdrawn because the historical development of all nations contains a combination of both criteria. Indeed, the criteria for the determination of membership in the nation have usually shifted depending upon whether a nation has been a source for emigration or an object of immigration at any particular point in time. The important point is to recognize that all nations are, to one degree or another, always undergoing change.

This character of only a relative stability – the continuation over time – of the social relation of the nation is not only a consequence of the present generation facing tasks different from those of previous generations. Those traditions that form the conceptual core or centre – the trans-individual, relatively objective, meaning – around which the social relation of the nation is formed are not uniform. There is not only the preoccupation with territorial relations of vitality, kinship; there is also economic exchange; and there are religious beliefs that may exist in tension with both that preoccupation with vitality and trade. For example, there have been times when the well-being of the nation has been thought to require restrictions on free trade through tariffs on imports, as occurred with the mercantilism of the 17th and 18th centuries, and the economic protectionism between World Wars I and II. Religious beliefs have at times been obstacles to economic activity, as when Christianity prohibited the charging of interest on borrowed money. These different traditions with their different interests unevenly come together to form the tension-filled and only relatively stable centre of the nation. The relation between such different traditions within the centre also undergoes change, as one tradition may at any particular time become more important than the others. For example, during a war, an outburst of patriotism may compromise the beliefs of the monotheistic religions in the brotherhood of humanity.

It was observed in the previous chapter that there is a duality to the nation: traditions of kinship that are limiting, and the transformation of these traditions such that they become generalized in the service of creating a more expansive culture. Numerous factors, for example war, religion, and economic exchange, may contribute to this undermining of previously local attachments to village or region in favour of attachments to the territorially larger nation. Another factor is law, promulgated by a recognized, authoritative centre such that there emerges a 'law of the land' that encompasses those localities. Our task here is to examine how law may be a factor in the formation of a territorially extensive nation.

Law and the nation

It should first be acknowledged that the development of written law codes has not always resulted in a territorially extensive, national law of the land. The Islamic Middle East did not develop such a law for much of its history. There instead existed throughout the politically imperial *ummah* (the community of the faithful) various codes of law – Hanafi, Maliki, Shafi'i, Hanbali – each derived from a particular interpretation of Islamic law, the *Shari'ah*. While in any particular region, one law code might be more prevalent than the other three, the Muslim could still choose between them. The simultaneous existence of these different codes of law could only be an obstacle to the formation of the territory of a nation, unified through adherence to an authoritative law of the land. Thus, for much of the history of the Islamic Middle East, loyalties generally gravitated between the village of one's birth and the *ummah*, with various institutions, notably religious orders such as the Sufi, mediating between these two objects of attachment.

Nevertheless, legal innovation did take place in the Islamic Middle East to deal with relations between these two poles, the village and the universal community of the faithful. For example, legal means (the *hiyal*) developed to create business firms and to engage in trade between different localities and regions – means that were not directly provided by Islamic law, the *Shari'ah*. Furthermore, in the Islamic Middle East, territorially extensive solidarities did occasionally emerge, two examples of which were the Iranian and the Berber-dominated Maghrib, especially Morocco. Perhaps the military conflicts between the Turkish Ottomans and the Egyptian Mamluks (1250–1517 CE) also indicate a degree of competition in territorial solidarities within the otherwise universal community of the faithful. Nonetheless, the different law codes that permeated Islamic civilization and the conservative legal principle of *taqlid* (obedience to the Islamic tradition) represented an obstacle to the consolidation of nations, each with its own 'law of the land'.

Of course, other patterns of legal relation are to be observed. In contrast to the impression one gets from many analyses that insist on a sharp historical break between pre-modern and modern societies, there were numerous written law codes throughout antiquity and the Middle Ages. Indeed, as the legal historian R. C. van Caenegem remarked about law in the medieval world, there was, if anything, too much of it, and it was greatly cared for. Medieval Europe produced numerous written legal texts, among them Ranulf Glanvill's *Treatise on the Laws and Customs of England* (1187) and the *Treatise* (1260) by Henry of Bratton (Bracton). The importance of a tradition becoming materially 'embodied', in this case law being written down in a book, is that it increases the likelihood of that tradition becoming stable, hence continuing over time. The physical expression of a tradition can take different forms. For example, languages become stable through written alphabets, as occurred in the ancient Near East, and through the translation of the Bible into different languages: Coptic (4th century CE), Armenian (5th century CE), Old Slavonic (9th century CE), and French (12th century CE). Traditions can take physical shape in the form of buildings, for example the Temple in Jerusalem for ancient Israel and Canterbury Cathedral for medieval England. When this happens, there is a greater likelihood that the social relation formed around that materially embodied tradition will achieve the stability necessary for a national culture to emerge.

A spectrum, albeit abstract, of legal relations contributing to the formation of territorial structures in the European Middle Ages can be observed.

First, there is the canon law of the Church that actually exists beyond this spectrum because its jurisdiction as the law of the believers in Jesus Christ as Lord and Saviour transcends territorial divisions. This is not to deny the inevitable involvement of the medieval Church, as a religious institution, into the affairs of this world, as can clearly be seen, for example, in the Investiture Struggle at the end of the 11th century CE over who, the Pope or the King, had the power to appoint bishops. Nonetheless, I put aside consideration of canon law, except to note its contribution to the tradition of an imperial Europe.

At one end of the spectrum, one finds territorially distinct urban principalities in northern Italy and independent regional states in Germany. While there were developed local codes of law, there was no unifying centre with its own legal institutions, such as an authoritative higher court or legislative body, capable of legally unifying these distinct principalities and states into a nation. In France, on the other hand, after the re-emergence of a strong monarchy in the 13th century, there was indeed a centre, including a royal court and the Parlement of Paris. These and other developments, such as the emergence of a French Catholic Church known as 'Gallicanism', were significant influences on the formation of a territorially extensive French nation. Compared to the urban principalities in northern Italy and the independent German states, one observes the process of the emergence of the nation of France near the end of the 13th century. Nonetheless, the French kingdom remained legally diverse – a condition abetted by the revival, beginning in the 12th century, of the imperial Roman law in southern France in contrast to the north. However, a different pattern of legal relation appears in England as early as the end of the 12th century, so much so that one observes the emergence of a national law of the land.

In contrast to the personal relation between the king and his kinsmen or his retainers, or the personal and legal relation exclusively between the local lord and his vassal characteristic of feudalism, such relations were undermined in medieval England by a more expansive territorial relation established through a law of the land. Some of the legal developments during and subsequent to the reign of Henry II (1133–89) support this observation. There emerged a permanent court of professional judges at the centre (the Curia Regis); and local disputes at the local courts were increasingly adjudicated in accordance with the law of the land by the frequent visits of travelling judges. Also at the local level throughout England, by the time of Henry II, the institution of the jury (initially a body of neighbours summoned by some public official to give up on oath a true answer to some question, but by the early 13th century the means by which to be judged by one's peers) had become the norm, thereby involving the common man in judicial procedures. The result of these and other developments was that the king, as representative of the nation and its laws, and his agents (the travelling judges) were seen as protectors of the property and rights of the individual and the public order, that is the 'king's peace', throughout the land.

Other legal developments supporting the establishment of a territorial relation of the nation include the formation of a national army, as can be seen in King Henry II's edict of 1181, the Assize of Arms, that comprised not only the wealthy man with horse and armour but also the poor 'who need only have bow and arrows'. The call of the poor to the army represented another legal intrusion of the nation into the relation between local lord and tenant. A consequence of this latter legal and military development was to broaden the feeling of responsibility for the country's defence. Common service in war resulted in the awareness that all, the poor and the wealthy, were part of not only their local communities but also their nation. Technological developments also played a role in furthering the attachment of the poor infantrymen to the nation. At the end of the 13th century, the introduction of the powerful, armour-piercing longbow provided the means for a poor foot soldier to be militarily superior to a knight.

Then, in 1215, there was the Magna Carta with its 14th clause, which by 1295 culminated in the institution of a legislating

6. The armour-piercing longbow

parliament, constituted by representatives of the counties and towns throughout England (in contrast to both the Parlement of Paris, which was primarily a court of judicial review, and the French Estates General, which did not meet between 1614 and 1789).

The result of these legal developments was the emergence of the territorial relation of the national community of England, where the king was bound to the law. There were, to be sure, anticipations of such a development in other societies at other times. As the historian Fritz Kern has argued, there was a right to resist the king in German medieval law, and in antiquity there was the apparent subordination of the ancient Israelite king to the law, as suggested by Deuteronomy 17. However, it was in medieval England where these developments were so pronounced.

There were, of course, any number of complications that invited territorial ambiguity—Wales, Scotland, Ireland, and Henry II's claim to Anjou and Normandy in France. There were also other complications in the creation of a national community, for example controversies over religion that resulted in the executions on the orders of the king of Thomas Becket (1170) and Thomas Cranmer (1556), both archbishops of Canterbury; and political conflicts that led to the execution of the Lord Chancellor of England, Thomas More (1535), and the revolution led by Cromwell. Once again, it is the character of the social relation of the nation that it is only relatively stable. What matters here is that there were established both a tradition of public, territorially unifying law – a law of the land – in the collective self-consciousness of the English, and institutions, however occasionally beleaguered, that sustained that tradition.

These legal developments in the history of medieval England represent the emergence of a legal code consistently applied throughout what is, as a result, established: the territorial relation of a nation. Clearly, political factors that are difficult to predict (such as ambitious and able kings who desire to extend their power) influenced this creation of a national body of territorial law. Moreover, legal developments sometimes follow a course of their own that often appears coincidental. The tradition of the 'good old law' in England, conveyed by the English common law ('common' in the sense that it was applicable throughout England), was recognized and reaffirmed, for example, in the Magna Carta. One can only speculate how different the legal and national development in medieval England might have been if the revival of imperial Roman law on the European continent had taken firm hold in England before that tradition of common law was reaffirmed and codified. The point of indulging this speculation is to indicate that many, seemingly accidental factors may contribute to such a development; and, thus, to underscore how misguided it is to insist on one, primary cause for the development of the nation.

The national law of the land expands the social relation in the sense that its consistent application throughout the land results in the fusion of previously culturally distinct populations into a nation. However, this expansion is limited by the other side of the duality characteristic of the nation: kinship, albeit that of a spatially extensive, yet bounded territorial relation. A limitation to the consistent application of the law was one's status – not whether or not one was a noble or a vassal, but whether or not one was English. Beginning in the 13th century and continuing until 1870, no foreigner could hold real property in England, nor did a foreigner have a right to recourse in the local courts. It was thought that land that was understood to be English land was only for the English.

The nation has been defined as a relatively extensive, territorial relation of nativity. We have further formulated the purpose of the nation as a territorially extensive, yet bounded, social relation for the generation, transmission, and sustenance of life. When the nation is a national state, it is also a structure for the protection of life. To be sure, very few social relations, even those whose primary purpose is the existence of life itself, can be adequately understood solely in terms of that purpose. This is so for the nation; and it is so even for the quintessential relation of vitality, the family, which is often a means for the inter-generational transfer of wealth, and of religion. This is merely to recognize, yet again, that human pursuits are varied. The problems that confront human life – how death is faced, how the tensions between men and women are settled, what should be the relation between the individual and his or her society, how human existence in relation to the universe is to be understood – are multi-faceted. These and other problems of life, and the diversity of traditions associated with them, come together uneasily into a conceptually diverse centre, around which respectively different national communities are formed, as each nation works out its own response to these complex problems.

The nation is often described by the metaphor of familial relations and, indeed, has sometimes been considered as some kind of extended family. This is understandable because both the nation and the family are social relations of kinship. Nonetheless, there is an important difference, and to understand this will require a more detailed examination of the relation between territory and kinship.

Chapter 4
Motherland, fatherland, and homeland

Those interested in understanding nations and nationalism must consider the significance of certain words employed widely in everyday speech, specifically, motherland, fatherland, and homeland. Each of these three words is a combination of two terms. The first and second words combine, respectively, the terms 'mother' and 'father', both of which refer to the relational descent of the child from those directly responsible for its biological generation, with the term 'land', which conveys the image of a bounded, yet extensive territory. The third word, 'homeland', combines reference to the familial dwelling and its immediate area in which the infant was conceived, nourished, and came to maturity with that image of a more extensive territory. This combination of terms implies a classificatory category of kinship. However, it is a form of kinship that revolves around the image of a bounded territory.

The idea that these three words share is the concept of one's 'native land'. This is found in all periods of history and throughout all civilizations, ranging from the biblical Hebrew *'ezrach ha 'arets* (native of the land) and the ancient Greek *patrís* to the Latin *patria* (fatherland) and the Arabic *watan* (originally, the village or town of one's birth, and later nation) as in *mahabbat al-watan* (love of the homeland). The appearance of these three words at any particular point in time may or may not indicate the existence of a nation. However, all three refer to the land of one's birth, ranging from village to tribal territory to nation. The continued use of these three words signifies that the image of a definite area of land can be a part of the self-understanding of the individual who, in turn, recognizes himself or herself to be related to those for whom that territory is also a native land. Thus, the category of kinship must be extended to include the classification and evaluation of the self as a consequence of the recognition of not only familial descent, but also descent within a particular territory.

Even the nomadic tribes of the ancient Near East could be territorial. These pastoralists often named their tribes after a particular town or region. Other examples of territorial kinship from the earliest civilizations are societies such as the 'house of the ancestor', where, for example, a city-kingdom was designated as the 'house' of the founder, and the 'ethno-geographic' tribe, the *gayum*, of ancient Mari (18th century BCE). Examples from other civilizations and historical periods are ancient Greek city-states, the medieval English *vill* or township, and the modern nation.

The English word 'nation' is derived from the Latin noun *natio*, which, in turn, is from the Latin verb *nasci* that means 'to be born from' (and from which is also derived the Latin noun *nativus*, 'native'). Thus, the Latin *natio* and *nativus*, as well as the above examples of the biblical Hebrew *'ezrach* (native) and the Arabic *watan*, refer to one's origins; but there is an imprecision as to what is meant by those origins. This imprecision is a consequence of the fact that while familial descent, traced from either the mother or the father, is different from territorial descent, these two forms of kinship are neither mutually exclusive nor historically demarcated. These two lines of descent have, throughout history, overlapped with one another. How is territory a factor in the formation of kinship?

Much of what is implied by this joining together of references to familial descent and territory in the words motherland, fatherland, and homeland is the transmission of a cultural inheritance from one generation to the next that takes place as a result of descent within a territory. Nonetheless, there is a further factual and even biological basis to this metaphorical attribution of motherhood or fatherhood to a territory, because the parental power to generate and transmit life is dependent upon the sustenance that is provided by the land in the form of fruits, produce, and so on. Implicit in this attribution is the recognition that the land itself is a source of life, as Plato observed in his recounting of Aspasia's speech in *The Menexenus* about the physically nourishing 'motherhood of the country'.

They are children of the soil, dwelling and living in their own land . . . It is right that we should begin by praising the land which is their mother . . . For as a woman proves her motherhood by giving milk to her young ones, so did this our land prove that she was the mother of men, for in those days she alone and first of all brought forth wheat and barley for human food.

Plato, *The Menexenus*

The description of land as mother or father is a recognition of its generative power. To be sure, the expression of this recognition has varied historically and by civilization. In antiquity, it took the form of the acknowledgement of the god or gods of the land. Islamic civilization, on the other hand, has historically been relatively resistant to the development of images of territorially extensive motherlands and fatherlands, especially compared to Judaeo-Christian civilization, in which that recognition has been sustained by the image of the land of ancient Israel as one of milk and honey. Even today, implicit recognition of this power exists, as expressed in the wide use of the words 'motherland' and 'fatherland'.

Home and homeland

This phenomenon of attributing qualities of parentage to an inanimate object (land) can be seen in another example drawn from everyday speech that has a bearing on our understanding of the nation: the distinction between the words 'house' and 'home'. By the word 'house', we generally mean a physical, spatial structure that is not a home, but that has the capacity to become one. By the term 'home', we usually mean that the physical structure of the house has in some way become pervaded by the spirit or power or even moral qualities of its inhabitants. It is as if the house, when it becomes a home, has become a part of the family.

The modern nation is recognized by its members as being more than merely a spatial setting – a house – for the random interaction between individuals. It is viewed as a home, where the 'spirit' of past and current generations has filled up that spatial setting, making it a homeland, a territory. This spirit of past and current generations are those traditions that contribute to organizing an area of space into a territory and that, as such, provide meaning around which the territorial relation is organized. Such territorially specific traditions both structure and provide meaning to the conduct of the participants in that culture. Consider, for instance, that the Sinhalese view their territory as a holy land, Sri Lanka. To take another example, note how President Lyndon B. Johnson described the land of the United States of America as being a partner in covenant, as if it were a person with moral expectations.

They [the Puritans] came here – the exile and the stranger, brave but frightened – to find a place where a man could be his own man. They made a covenant with this land.

> **Conceived in justice, written in liberty, bound in union, it was meant one day to inspire the hope of all mankind; and it binds us still. If we keep its terms, we shall flourish.**
>
> **Lyndon Baines Johnson, *A Time for Action***

The boundaries of a territory are never merely geographical; they indicate the spatial limit to many of those traditions that are passed from one generation to the next. It was not uncommon, for example, for the territorial boundaries of the ancient Greek city-states to be designated by the respective sanctuaries of their god or gods. Thus, the individuals who dwell within a territory do not merely interact with one another; they participate in territorially bounded traditions that, in turn, influence their conduct: the god or gods they worship or the language they speak or the laws they accept.

These territorially bounded traditions exist over time, having been sustained through various kinds of institutions and practices ranging from patriotic clubs to days of celebration or remembrance that designate events understood to signify the existence of the territorial relation of the nation, for example Independence Day in the United States, Bastille Day in France, the Coronation in England, and Holocaust Remembrance Day in Israel. This cultural inheritance must not be viewed as something external to the individual, like a coat to be put on and taken off. It forms part of the image that you have, not only of yourself, but also of those other individuals who are related to you by virtue of inheriting those territorially bounded traditions.

In the terms of the previous chapter, an image of a territory becomes a conceptual point of reference in the trans-individual meaning of the social relation around which the inter-individual activities are structured. This image is not only spatially expansive; it is also temporally deep. The individual participant in the social relation recognizes as being related not only those in the present who share in those territorial traditions, but also those in the past who performed activities in that territory. For example, even though she lived 400 years ago, Queen Elizabeth I is recognized today as being English. Thus, the territory and its past are recognized as being one's own, as belonging to oneself and to those who are territorially related to oneself.

The possession of both a past and an extensive, yet bounded area of land is key to the nation as a community of territorial descent. Clearly, not all past activities are viewed as being so significant that they become traditions that are continually brought into and, by so doing, contribute to the formation of the meaning of the social relation in the present. However, those traditions, and the institutions that sustain them, that are understood to have contributed to determining one's existence are kept 'alive' by each generation continuing to acknowledge them as being significant. The victory of England over Spain during the reign of Elizabeth I remains signficant because it is recognized that England exists today as a result of that victory. The Holocaust is acknowledged annually in Israel through a day of remembrance because it is recognized that Israel exists today as a home for Jews. Significant past events are often embodied in monuments, as meaningful points of reference in the present, for example the memorial at Yad Vashem in Jerusalem, Israel.

Because it is recognized that one's own life, as an inhabitant of that territory and as a member of the nation, is dependent upon those past activities that have made that territory – your home – possible, a trans-generational, territorially located kinship is formed with references to that past that encompasses those in the present.

The territorial contamination of the blood

This temporally deep, territorial kinship can be seen in the recourse to the idiom 'founding fathers' of the nation. There thus develops a 'territorial contamination of the blood'; that is, an understanding of

7. Memorial at Yad Vashem, Jerusalem, to the millions of Jews murdered in the Nazi death camps

kinship that refers to territorial relation. Such a 'contamination' is the implication of the terms 'motherland', 'fatherland', and 'homeland'; and the very idea of the 'native land'. This metaphorical infusion of biological descent into spatial location is sustained because those inherited territorially bounded traditions are understood as defining part of you. Indeed, in so far as your existence as a member of a nation (and, thus, elements of your self-understanding) is in fact dependent upon those activities of past generations that have secured the land necessary for life, then what is involved in this metaphor is not merely metaphorical!

The human tendency to form attachments to the image of the native land, containing the recognition, however implicit, of the generative power of the earth, suggests something fundamental about human conduct. By the latter, I do not mean to imply that all of human conduct can be understood as an expression of this tendency. Science, international trade, and the world religions signify that there are pursuits that are relatively indifferent to the preoccupation with the native land. I also do not mean to imply that the territorially extensive social relation of the nation is not a human creation that has been made possible by innumerably complicated historical developments, some of which will be examined in the next chapter. However, I do mean to imply the persistence of one among several different preoccupations of the human mind, the expressions of which vary across time and civilization.

There are probably behavioural components to this preoccupation with the native land, entailing various strategies of adaptation to ensure the efficient use and allocation of limited resources in the propagation, transmission, and protection of life that, in turn, are dependent upon control of an area of land and its resources. It is likely that the significance attributed to the attachment to the spatial location of the home also has a behavioural component. The boundaries or spatial limits of the home provide the enclosed structure that is seemingly necessary for familiarity to develop.

Humans seek the familiar because what is familiar is also habitual; and, as such, the structured familiarity of the home provides comfort as it limits the anxiety-provoking multitude of possibilities of action that present themselves for consideration to human beings. In this regard, a parallel can be drawn between the behavioural component in the formation of an animal's spatial habitat and the structured familiarity of the home. However, there is an important difference between the human home and the animal habitat. The human home is not instinctually determined like a beehive for bees, or restricted to a particular environment like the Arctic for polar bears; humans live in many different environments in which they create their homes. Thus, even if there are behavioural components to the human tendency to form spatially bounded structures of familiarity, the very variability of those structures and their locations indicates the intervention of the human imagination in their formation. The role of the imagination in the spatial attachments formed by human beings is clear when those attachments extend to areas that have never been physically experienced by the individual but which are nonetheless considered to be part of his or her home.

This is certainly the case with the territorially extensive homeland of the nation. It, too, is viewed as a home; it, too, is a structure of anxiety-reducing familiarity. As you return to your national homeland from a foreign country, you may experience a feeling of relief. You immerse yourself again in the familiarity of your own language and customs. That is one reason why those familiar patterns of activity – inherited traditions – that structure our conduct and which we call 'culture' are so important to the individual.

Possession

The problem raised by the existence of nations is not only why humans should organize themselves in divisive ways; but also how is it that an individual considers the territorially extensive nation to be his or her *own*. What is involved in the phenomenon of ownership such that the individual considers an extensive area of land and a distant past to be his or her possession, and that, as such, is a factor in kinship? The inheritance of a territorially bounded culture is part of the answer to this question. But there is more to it than that. Perhaps it is the case, as John Locke argued in the *Second Treatise of Government* (1690), that when one fashions or possesses a physical object, that object is considered to be one's own because, through these activities, one has put a part of oneself into it. For Locke, this act of putting one's labour into an object justifies a right to what, as a consequence, Locke thought now becomes one's property. However, our concern with this phenomenon of possession lies in a direction that Locke did not pursue: the consequence of this fashioning such that a physical object is considered to be a part of oneself, and, thus, a factor in the formation of kinship.

When one puts a part of oneself into an object such that the object becomes one's own, and furthermore is considered in some way to be a part of oneself, one's experiences extend into the physical object. This extension of the self into a physical object occurs at two levels. First, there is the actual fashioning of the material object, for example the building of a home or the clearing and cultivation of an area of land. The second level is the contemplation of, including the significance attributed to, that object, so that your memories contain references to that object, even to the extent that the image that you have of yourself is extended to include that physical object.

Clearly, not all objects that are fashioned through a person's efforts, for example the making of a tool, become factors in the formation of kinship. However, those that are integral to life and that are perceived to be so may become such factors. The most obvious example of this process is the relation of the parents to the child. As the child contains a part of the parents, the child is considered by the parents to be an extension of themselves, and, as such, to be their own. This example of one relation of kinship, the family, is relatively straightforward because it deals with the transmission of life itself in the creation of another life. The various forms of this biological extension of the self, ranging, for example, from matrilineal to patrilineal descent, is what is often understood by the category of kinship. Needless to say, complications immediately intrude into this extension because the parents impart to the child not only a biological inheritance but also, as the child matures, a cultural inheritance – their traditions. The incorporation of such traditions into the self-image of the child allows for an extension of kinship as one recognizes a relation with those other human beings who share or have shared in those traditions. This is above all the case when those cultural traditions include a claim to biological ancestry, as is the case in Japanese, Israelite, and Armenian traditions.

The complication in our understanding of kinship posed by the nation is that the object into which one has put a part of oneself and which, as a consequence, one considers one's own, is not another living human being, but the inanimate land. However, land is also viewed as being integral to life, to the life of the individual and to his or her family, where there is a home; and to the larger community of which he or she is a member. When one builds a house, one puts one's labour into a physical object, making it one's own. When one clears the land so that it can bear crops, one makes that land one's own. In both of these instances, through one's activities there occurs an extension of the self into these physical objects; but these are not just any physical objects. They are objects upon which one's own life and the life of one's family are dependent. The home is the location for the generation and transmission of the life of the family; it is also a structure for the protection of that life; and the cultivated land sustains life. This is surely a part of the significance that humans attribute to their own home and its immediate area. These are structures upon which your life and the lives of those who are related to you depend; where aspects of yourself have been imparted to those structures in ways that have not been imparted to other structures; where, as a consequence, there is recognized a spatial differentiation – *spatial limits of significance.*

An obvious limiting factor of significance in human activity is the recognition of lines of descent from the mother or father to the child arising from the preoccupation with the vitality of the self and its extension or transmission. The brute fact is that one prefers one's own offspring to those of another. However, spatial attachments may also be a limiting factor of significance in human activity. Those attachments may certainly indicate a range of familiarity; and, as such, may distinguish the experience of one bounded area from another, revealing spatial variations in the attribution of significance. However, not all areas of familiarity are perceived to be one's own such that they are factors in the formation of kinship. But those areas into which one has imparted oneself such that they are understood to belong to oneself, and that are also understood to be integral to that person's life and its extension, for example one's home, also represent a preoccupation with vitality, albeit now spatially expressed.

These considerations about the spatial attachments to the familial home were intended to contribute to a better understanding of the ways in which the nation, including its extensive territory, is a home, a native land. It is obvious enough that the national territory, like the familial home and its immediate environs, is a structure of familiarity; and that much of this territorial familiarity is instilled into the individual – as a member of the family and as a member of the nation – as he or she develops from infancy to adulthood. Elements of such a familiarity include various customs, ranging from the kind of food one eats to the kind of clothes one wears, to the language one speaks, and to the law of the land which, as such, organizes the land into a legally uniform territory. The bearing of law on the attachment to the land as one's own can be pronounced, as in the change in the law of the early European Middle Ages that allowed the family of the vassal or tenant to inherit the fief (landed property), thereby providing a more secure future for their descendants. Furthermore, the attachment to an inherited fief as one's own and the attachment to the national homeland as one's own can be intermingled when there is a law of the land, enforced by the national centre (the royal courts), that protects the inheritance, thereby encouraging a loyalty – patriotism – to the national state.

There are similarities and differences to be observed between the attachments to one's familial home and those to one's national homeland. While in both instances, part of the self has been put into these respective spatial structures that are perceived to be locational frameworks for the generation and transmission of life, for the family, the primary focus is the parents; but for the nation, it is the territory. For the family, there are indeed significant spatial attachments, as can be seen in the importance of the home to the family; indeed, the walls of the home shelter and protect the lives of the members of the family from external threats. In certain historical periods and among certain strata of the population, spatial attachments to the familial home can be quite pronounced, as when, for example, a family has lived in the same house or town for generations and when one's parents are buried in the immediate area of the home. In the latter case, part of oneself – those who have imparted life to you – has literally been put into the inanimate land. Nevertheless, however important spatial attachments may become for the family, they are of secondary significance when compared to the recognition of the parents as the source of life in the structure of the family as a form of kinship.

For the nation, while there are also attachments to ancestry, they are to those who are perceived as preceding you, often generations ago, in the territory of the nation and who are further perceived as having made possible the existence of the territory as a homeland that sustains the life of the current generation. They are the ones who cleared and cultivated the land, who built towns and cities and transportation systems joining them to one another, and who defended that land in the past. In the formation of the national homeland, those who put part of themselves into the land, making it a territory, are related to you to the extent that you are descended from them by virtue of dwelling in the historically evolved territory which those perceived territorial ancestors created and defended. In this case, the part of the self that has been put into the homeland by those who preceded you long ago is conveyed by those inherited traditions that you recognize as in some measure defining yourself. Characteristic of the nation is the prominence of this recognized territorially bounded kinship at the expense of a territorially expansive, universalizing vision of a civilized life that is found with empires, for example that of the Roman Empire when, after the edict of Caracalla (213 CE), citizenship was granted to many of the residents of the Empire.

The element of temporal depth in the territorial relation of a national homeland, whereby a part of yourself was put into the homeland by your perceived territorial ancestors, is expressed in the significance you attribute to those previous events and those responsible for them in the creation of their and your territory that sustained their lives and sustains your life. There is thus asserted a temporal and territorial continuum between your own society and those previous societies, and a recognized kinship between the current members of the nation and the members of those earlier societies. It may factually very well be that those recognized territorial ancestors and their societies differed in many important ways from the current generation and its society. Many of the customs and laws of those territorial ancestors may have been different; their religion may have been different; and certainly the territorial scope of their societies may have been different. Those perceived territorial ancestors might even not have understood themselves as members of the nation of which you are a member. A necessary factor in the formation of a territorial ancestry is, as Ernest Renan remarked more than one hundred years ago, 'to get one's history wrong'. What does this 'getting one's history wrong' mean for understanding nationality? What is the relation of the nation to history, and how is one to evaluate its appearance in history? These are the problems of the next chapter.

Chapter 5
The nation in history

Examinations of the nation in history often begin with England in the 16th and 17th centuries or the United States and France in the 18th century. The nation is, thus, judged to be relatively recent, to have taken shape as a consequence of democratic conceptions of political participation, the social mobility of industrial capitalism, and technological advancements in transportation and communication. There is much to recommend such a conclusion.

Certainly, the democratic conception of citizenship, an extensive market for manufactured goods and services, and advances in communication have all contributed to moulding previously distinct localities and their respective populations into a national community. Democracy promotes a belief in the equality of the members of the nation, thereby contributing mightily to the sense of the nation as a community. An extensive market for manufactured goods and services, and the advances in transportation that this requires, would do the same through fostering a sociological mobility of the population necessary for the developed division of labour of a modern economy. Individuals leave the countryside seeking jobs and education; they come together in the large cities of the nation. Universities and professional schools are established to educate and train these individuals – an education that includes the history of the nation. Clearly, advances in the forms of communication over the past four centuries (printed books, newspapers, radio, television, the telephone, and films) have resulted in the creation of literate populations. They have stabilized the previously oral culture and its language through print. They have further dispersed that language throughout the nation's territory, thereby promoting a national culture. A territorially bounded linguistic community is consolidated, as language becomes a 'marker' of membership in the nation. All these factors contribute to the definition of the self in the collective self-consciousness of the nation.

However, these analyses proceed by selecting only that evidence that appears to confirm the judgement that nations are historically novel. To proceed in this way and, thus, to reach this conclusion is to disregard earlier developments such as the emergence of a national law of the land in medieval England, as discussed briefly in Chapter 3. This is no way to proceed, as that evidence which complicates the understanding of the nation in history should be acknowledged.

It is often observed that the historical expression of the nation is extraordinarily varied; and so it is. It differs over time for any particular nation, for example the contested views over what the nation is and should be (and, thus, what the nation was) in the American Civil War. It also differs widely from one nation to another, for example from the linguistically diverse Switzerland in contrast to England. The appearance of the nation and its continuation over time is not an historically uniform process that can be attributed to one cause, such as the requirements of industrial capitalism, or confined to one period of time, such as the last several centuries. Let us proceed by beginning with a brief examination of some of the evidence that complicates the understanding of the nation in history, with reference to four societies from different periods and different civilizations: Sri Lanka from the reign of King Dutthagāmani through the early Anurāhapuri period (161 BCE to 718 CE); ancient Israel before 586 BCE; late 7th- to 9th-century CE Japan, encompassing the

Nara Period; and medieval Poland, in particular the 14th century CE.

Pre-modern nations?

An important component in the formation of the Sinhalese territorial relation was the belief, found in the Sinhalese histories of the 4th and 5th centuries CE, the Dīpavamsa and especially the Mahāvamsa, that the Buddha, as a consequence of having supposedly visited Sri Lanka three times and having freed it of its original supernatural and evil inhabitants, the Yakkhas, had sanctified the entire island, thereby transforming it into a Buddhist territory. There was thus asserted a territorial relation between being Sinhalese and Buddhism that was thought to be based on the order of the universe, that is, the actions of the Buddha. Today, as a confirmation of the Buddha's past and current presence in Sri Lanka, there are shrines throughout the island: at Mahiyangana, where the collarbone of the Buddha is kept; at Mount Samantakuta, where the Buddha's fossilized footprint can be seen; and the most important at Kandy, containing the relic of the Buddha's tooth.

In the second example, among the traditions of the ancient Israelites, one finds the belief that Canaan, the land of milk and honey, might not have become their possession because it was occupied by the giant, mythological Nephilim, the Anakites (Numbers 13:32–33; Genesis 6:4). However, Moses assures the Israelites that the entire land will be their possession because Yahweh will lead them into battle (Deuteronomy 1:28–30; 9:2–3), thereby fulfilling their god's promise to Israel's supposed ancestor, Abraham.

In the third example, the early 8th-century CE Japanese Chronicles, the Kojiki and the Nihon Shoki, assert that the emperor was descended from the sun goddess Amaterasu and that, further, Japan was created by the parents of the sun goddess.

Finally, the early 13th century CE Polish chronicle by Wincenty recounts the story about how the body of Bishop Stanisław, having been dismembered and scattered throughout what was viewed as the territory of Poland, miraculously grew together, just as the nation, once its territory was unified, would be resurrected.

In all of these examples, one observes myths contributing to the formation of the image of a bounded, territorial relation of temporal duration. These myths, that is, beliefs with no empirical foundation, accomplish this by formulating, in different ways, a connection between historically actual societies to a perceived order of the universe (the act of the gods). By so doing, the uniqueness of a territorial community is justified, thereby distinguishing it from other territorial relations, for example ancient Israel from Egypt, or Poland from Germany. As we shall see, these kinds of beliefs are by no means confined to societies of the distant past; they are found in the formation of modern nations as well. One thus observes in the formation of nations throughout history what the historian Delmer Brown described as making myths more historical and making actual events more mythical.

It is through history – broadly understood here also to include myths that, as such, blur the distinction between fact and meaningful fancy – that a nation understands itself, and, by so doing, constitutes itself. However, this self-understanding is never free from ambiguity. Why? There are always problems in the present when national histories are composed that complicate that self-understanding. In response to those problems, national histories usually convey a goal for the future by often appealing to some understanding of the past in support of that goal. The histories of Sri Lanka, ancient Israel, Japan, and medieval Poland convey, in varying ways, such a goal.

The early Sinhalese histories also recount how the Buddhist warrior-king Dutthagāmani (161–137 BCE) led Buddhist monks to conquer the Hindu Tamils, thereby establishing a Buddhist territorial order throughout the island. It thus becomes clear that the mythological account of the Yakkhas, earlier subdued by the Buddha, was intended to legitimate Dutthagāmani's subsequent historical defeat of the Tamils, thereby further justifying the sovereignty of the Buddhist king throughout what those early histories describe as a territorially and religiously uniform island. However, the situation 500 years later, when those histories were composed, was more complicated than this combination of mythological and historical accounts of a religiously infused territorial kinship in the service of consolidating power might suggest. The ideal of a unified island, represented by the earlier military victories of the Buddhist King Dutthagāmani represented a goal to be achieved, as it stood in contrast to long periods of instability and regional conflicts during much of the early Anurādhapura period of Sinhalese history (137 BCE to 718 CE) between the southern part of the island, Rohana, and the central kingdom of Anurādhapura. This instability was further aggravated by the threat of foreign invasion from southern India as a result of Hindu resurgence.

For ancient Israel, the image of a legally and religiously unified territorial relation of 'all Israel' was justified by an appeal to past mythical and historical events, respectively the exodus from Egypt and the war with the Philistines. However, this image also represented a goal to be achieved, given the events during which much of the Hebrew Bible was likely written, specifically the Assyrian subjugation of the northern kingdom of Israel (722 BCE) and the Babylonian destruction of Jerusalem (586 BCE). The Polish account of the resurrection of the dismembered body of Stanisław also served such a purpose. The dispersal of parts of the body was a symbol for the division of the Piast Kingdom during the late 12th and early 13th centuries, when parts of the country were under the control of the Teutonic Knights and the Czechs. The body's resurrection would signify the re-emergence of the territory of the Piast Kingdom as the Polish nation.

While these histories exhibit a selective appeal to only aspects of the past to promote a particular understanding of the present and a goal for the future, they still convey complications for that understanding. For example, Tamils and Tamil territory, including for several centuries a Tamil kingdom, have always existed throughout the history of the island of Sri Lanka in ways that indicate an intermingling of Tamils, Sinhalese, and their respective religious traditions. A careful reading of the Hebrew Bible reveals not only two traditions of the occupation of the 'promised land' but also differing understandings of its boundaries. There was an idealized portrayal of the Israelites under the command of Joshua occupying the entire land, whose territorially vague boundaries are from the Mediterranean Sea to the Euphrates (Deuteronomy 11:24; Joshua 1:2–4); and a presumably factually more accurate account (Judges 1) indicating a gradual occupation (by a population that should perhaps be characterized as 'proto-Israelite', for example the Calebites) of the land, whose precise boundaries designate a more limited territory (for example, Numbers 34:1–10).

Not only do the demands of the present force reinterpretations of the self-understanding of the territorial relation, but so do the tensions among the different traditions that are to be found within any nation. In the example of the Buddhist warrior-king Dutthagāmani, the account of his slaughter of the Tamils violates Buddhist principles of non-violence, thereby undermining the Buddhist concept of salvation. Here, the tension between politics and religion is evident. Attempts are often made to minimize such inconsistencies between religious doctrine and politics; for example, in the Mahāvamsa, the Tamils are unethically described as being less-than-human animals.

In the tradition of ancient Israel, there was the belief that Israel was a people uniquely chosen by Yahweh to dwell in a land promised to them by Yahweh. That choice was embodied in the idea of the covenant and manifested, in a combination of myth and history, in the account of the Exodus. Obviously the tradition of being a 'chosen people' sustained the self-understanding of the nation of Israel as being distinct from other nations. Nevertheless, the necessity for modifying that self-understanding arose when God's 'chosen people' suffered military defeat and foreign occupation by first the Assyrians and then the Babylonians. Thus, in the Book of Amos, it is asserted that Israel is to be held accountable to universal standards (Amos 3:2), so much so that its historically unique relation to Yahweh is qualified: 'Are not you Israelites the same to me as the Ethiopians', declares Yahweh, 'Did I not bring Israel up from Egypt, the Philistines from Crete and the Arameans from Kir?' (Amos 9:7).

There is nothing necessarily pre-modern about the existence of tensions within a particular tradition, among the different traditions that form a nation, and how those traditions are used to understand the present. Such tensions are unavoidable because: 1) they arise out of different human pursuits, such as religion, politics, economics, and a preoccupation with vitality manifested in kinship; and 2) the appearance of new problems and demands. For example, during the last 25 years, the self-understanding of the French-speaking people of Quebec has been in flux, as they consider whether or not they are Canadians. During this period, one set of traditions is emphasized over another; different histories are written, some emphasizing connections to France while others do not. Certainly, the tension between religion and politics exists for modern nations, for example in the extent to which the Polish nation is understood as being necessarily Roman Catholic or India as necessarily Hindu.

The problem is whether or not the societies of early Sri Lanka, ancient Israel, Japan of the 8th century CE, medieval Poland of the 14th and 15th centuries as well as others, such as Korea beginning with the Koryŏ era (10th–14th centuries CE), should be considered nations. The answer to this question will determine how one is to understand when the nation appeared in history. In each of these pre-modern societies, one observes expressions of a community of territorial kinship. There is a self-understanding, a collective self-consciousness, which is spatially oriented, territorially bounded, and temporally deep, as conveyed by the very existence of the respective, written histories of each of these pre-modern societies.

Objections

While some scholars acknowledge these historical expressions of a territorial relation of kinship, there has generally been a reluctance to characterize such societies as nations. The primary objection to doing so is the insistence that the vast majority of the populations of these pre-modern societies could not have participated in a common culture. It is argued that the culture of these pre-modern societies was fragmented both vertically and horizontally: vertically, because of the vast distinction between the educated and the illiterate; and horizontally, because the attachments among the illiterate differed significantly from one locality to another. Thus, these societies, it is further argued, exhibited sharp cultural and (because of the absence of modern conceptions of political participation through democratic citizenship) political distinctions between the ruling centre and these culturally isolated localities, the periphery. Because of these distinctions, it is concluded that these pre-modern societies were not national communities. It is thus insisted that the territorial community of the nation must be based upon the development of such culturally unifying factors as modern means of communication, public education, a uniform and territorially pervasive law, and democratic citizenship.

As was observed, there is a degree of merit to this argument. The nation is likely to exhibit a greater cultural cohesiveness and stability given these modern developments. Our use of the term 'nation' appears to imply such a cohesiveness and stability that distinguish nations from seemingly more amorphous pre-modern societies such as the Aramaeans of the ancient Near East and the

Vandals, Avars, and Batavians of the early Middle Ages, which may be classified as 'ethnic groups'.

However, two difficulties complicate this conclusion about the apparently historically recent appearance of the nation. The first difficulty is that these modern developments also contribute to the consolidation and continuation of other traditions of relations that undermine the national community. This first difficulty takes place at two levels: one 'beneath' the nation and the other 'above' the nation. Modern means of communication and public education that clearly are factors in culturally unifying an otherwise diverse population into a modern nation have also contributed to the stabilization and strengthening of regional cultures, especially those with their own languages. This 'regionalism' may lead to the emergence of new nations. Such a possibility can be observed at the beginning of the 21st century in Europe, for example in Slovakia and the Czech Republic, and in the various and many claims to regional autonomy, such as that of Scotland in Great Britain, Euzkadi and Catalan in Spain, and the relation of Corsica to France. These modern, culturally unifying factors have also resulted in developments 'above' the nation that may undermine its existence because they have reinvigorated the tradition of empire, for example the emerging European Union with trans-national institutions such as the European Court of Human Rights.

The second difficulty involves a more nuanced, thus more accurate, appraisal of pre-modern societies. Certainly, the spread of the world religions in antiquity, particularly of Buddhism, Christianity, and, later, Islam, calls into question the extent of the supposed cultural isolation of populations that are presumed to be largely illiterate. I say 'presumed' because there was indeed a significant degree of literacy in a number of ancient societies; ancient Israel as early as the 7th century BCE was a largely literate society. Indeed, archaeologists discovered a piece of pottery from an ancient rural village on which it appears that someone was practising making the letters of the 'proto-Hebrew' alphabet as early as the 12th century BCE.

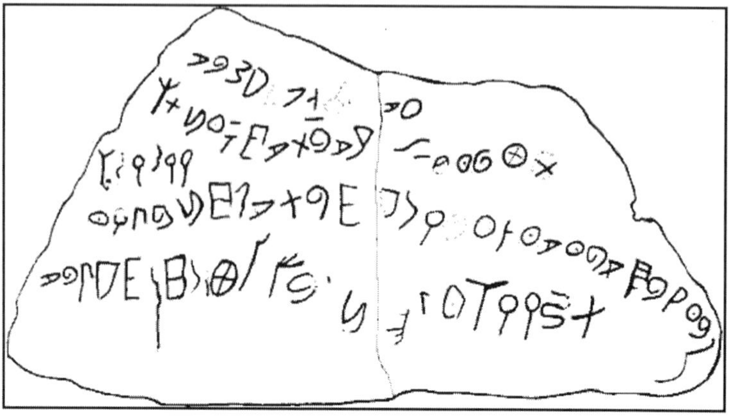

8. Eighty letters from the 'proto-Hebrew' alphabet (from around 1100 BCE) written on pottery, discovered in 1976 at 'Izbet Sartah

The spread of the world religions in antiquity indicates that extensive relations throughout a vast population and across great distances can indeed be formed in the absence of mass-produced books, newspapers, railways, and markets for industrial goods. Moreover, law codes are to be found throughout antiquity and the Middle Ages, as well as conceptions of territories with fairly precise boundaries. Rather than a sharp historical contrast between ancient and modern relations, there is, for both periods, a much more complicated criss-crossing of attachments, a proper appreciation of which is obscured by such a contrast. The development, however ambiguous, of significant expressions of national community can be found in a number of pre-modern societies. Let us examine additional details of our four examples that indicate such a development.

Formative factors of pre-modern nations

As observed in Chapter 3, law is an important factor in the formation of an extensive, relatively uniform territory. If, as seems likely, the Books of Chronicles of the Hebrew Bible contain a degree of factually reliable evidence, then in ancient Israel the 'Levites' were government officials placed throughout the land to administer the law, both civil and religious, and to collect taxes (2 Chronicles 17:7–9; 19:4–11; 24; see also Deuteronomy 17:9). Furthermore, the Israelite law codes, as we have them in, for example, Leviticus, drew a distinction between the 'native of the land', the Israelite, to whom the law applied, and the foreigner. Significantly, the foreigner who resided permanently in the land is described as being subject to the law of the land as if he had been born there. Finally, it appears that the Israelites established a judicial hierarchy, so that unsettled local disputes could be brought to the centre for final adjudication (Deuteronomy 17:8).

In Japan, during the late 7th and the 8th centuries, there certainly existed pronounced regional distinctions between territorial clans, one indication of which was the civil war of 672 CE. The significance of these distinctions would later increase until finally being undermined, if not by the centralized Tokugawa Shogunate (1603 CE) then by the Meiji Restoration (1868 CE). Despite such regional differences, the emperor remained an unquestioned object of veneration transcending these regional loyalties, even though political authority, beginning in the 12th century, resided not with the emperor but in the office of the 'barbarian-subduing general', the Bakufu of the Shogun. Indicating the existence of a national collective self-consciousness was, during the Tokugawa Period, the combination of the samurai's slogans 'revere the emperor' and 'expel the barbarian'. The basis for such a combination was laid during the 7th and 8th centuries when the influence of the clans was weakened in favour of the centralized authority of the emperor, through the written compilation of extensive codes of laws that were applied throughout the entire country, culminating in what historians refer to as the 'Ritsuryo State'. These laws divided the country into provinces, and established a differentiated ministerial apparatus responsible for household registration, taxes, allocation of rice fields (including to women), military conscription, and religion. Furthermore, social mobility based on achievement rather than birth was possible, often following Chinese practice, the so-called system of 'caps and ranks'; and there were occupational groups that cut across distinction by clan, for example metal workers, scribes, and irrigation specialists.

Religion was an important factor in the development of a distinctive culture in each of these pre-modern societies. The god of Israel was Yahweh, while those countries that bordered Israel had different gods: for Aram to its north, the god Hadad; for Ammon to its northeast, Milcom; for Moab directly to its east, Chemosh; and for Egypt to its south, Horus-Seth (or Amen-Re). Policies of the Israelite centre during the reign of King Josiah (640–609 BCE) sought to make consistent the worship of Yahweh throughout the land, with the Passover Festival and sacrifice allowed only at the Temple in Jerusalem. In Japan, by the late 7th century CE, the emperor's family had appropriated the sun goddess Amaterasu, as not only its divine ancestor but also as being ascendant over all local, clan gods, the *kami*. Furthermore, the Japanese centre, through its 'council of *kami* affairs', controlled the worship of the Shinto *kami* at both the court (including at Ise, the site of the shrine of Amaterasu) and local levels. The centre also constructed throughout Japan Shinto shrines and Buddhist temples, as Buddhism was also under imperial control during this period.

In Sri Lanka, beginning with King Dutthagāmani and continuing throughout the early Anurādhapura period, the ruling centre built Buddhist shrines, especially the impressive *stupas*, throughout the island.

The significance of Roman Catholicism for sustaining the territorial relation of Poland is clear, once one recognizes that Germany to its west was Lutheran and Russia to its east was Orthodox; although there were important religious minorities, Protestant and Jewish, throughout the history of medieval and early modern Poland.

In addition to these legal and religious, territorially unifying developments, in each of these four societies war was another factor in the formation of a distinctive culture. In early Sinhalese history, there was not only the conflict with the Tamils, but also with Hindu forces from southern India. For ancient Israel, there was war with the Philistines and the Ammonites, amongst others. In 663 CE Japan engaged in military conflict with T'ang China (albeit on the Korean peninsula) that resulted, according to Chinese, Korean, and Japanese records, in the defeat of the Japanese. In response to the Chinese victory and out of fear of an impending invasion by Chinese forces, the Japanese undertook a frenzied and massive construction of military defences. For Poland, throughout the 14th century, the restoration of what was viewed as Polish territory under King Łokietek and his son Casimir required successful military campaigns against both the Teutonic Knights and the Czechs. All of these wars required a mass mobilization of the population. Thus, the Japanese legal codes mandated that military units, organized by provinces, consist of one male from each household; under Casimir and afterwards, while military service was by law obligatory for all owners of land, there were instances of significant participation of peasants, as in the final battle with the Teutonic Knights in 1431. These mass mobilizations are reminiscent of Henry II's Assize of Arms (1181), discussed in Chapter 3. What was the influence of these mobilizations for defence and war on the self-understanding of the majority of the population?

Because there is little or no evidence for how the peasantry experienced and understood these wars, some scholars assume that the peasants did not view such conflicts as wars between nations. Given the above discussion, how likely is this assumption? It is difficult to avoid suspecting that, given developments such as a territorially unifying religion and law propagated by the ruling centre, found in varying degrees in all of these societies, there must have been some degree of recognition by the peasantry that the centre of their respective society was precisely that, and accordingly was due their respect, even if the centre was experienced, as it often is for modern nations, as being burdensome (for example in terms of taxes). In each of these four examples, there existed an authoritative centre: Anurādhapura for Sri Lanka, Jerusalem for Israel, Nara for Japan, and Cracow for Poland. In contrast to these examples, one reason why ancient Greece never developed into a nation is that, despite numerous indications of a pan-Hellenic self-consciousness during the wars with Persia, an authoritative centre capable of propagating and sustaining that self-consciousness through the existence of pan-Hellenic institutions, at the expense of loyalty primarily to the city-states, did not emerge. It does seem likely that during times of war the vast majority of the populations in the pre-modern societies of our four examples viewed the conflict as being between 'native' and foreigner. Certainly, the subsequent history of the ancient Israelites, the wars against Rome from 66 to 72 CE and from 132 to 135 CE that involved the entire population, justifies this possibility.

In addition to religion and law, language was also a factor contributing to the formation of these pre-modern national communities. In Israelite tradition there is evidence that suggests that differences in language may have been understood as indicating distinctions between native Israelites and foreigners (2 Kings 18:26; see also Judges 12:6 and Genesis 10:4,20). We can be more confident about differences in language being understood as representing national differences in the history of medieval Poland, when there had developed acute anti-German sentiment. After the presumed German-led revolt of Cracow against Łokietek was put down in 1312, the guilt of its instigators was determined by whether or not they could correctly pronounce such Polish words as *soczewica* (lentil), *koło* (wheel), and *młyn* (mill). The person who was unable to do so was judged to be either German or Czech and, hence, guilty.

Complications

Nevertheless, in our examples, the relation between native and foreigner could at times become blurred. We know, for example, that during the 7th century CE, in the aftermath of the Chinese military victories against the Korean kingdoms, many Koreans fled to Japan. However, significantly, it would appear that by the next century these immigrants, many of whom were Buddhists, had been incorporated into the mythological kinship of the Japanese through the imperial registry of families. Somewhat similar complications can be observed in the traditions of ancient Israel. Despite the portrayal of a restricted Israelite kinship found in the Books of Ezra and Nehemiah that went so far as to prohibit intermarriage, after the Judaean leader Hyrcanus I (125 BCE) conquered Idumea (Edom), the Idumeans became a part of the Jewish nation.

Hyrcanus subdued all the Idumeans; and permitted them to stay in that country, if they would circumcise their genitals, and make use of the laws of the Jews. They were so desirous of living in the country of their forefathers, that they submitted to circumcision, and the rest of the Jewish ways of living; at which time therefore this befell them, that they were hereafter no other than Jews.

Josephus, *The Antiquities of the Jews*

In both of these cases, one observes how war may be a factor in the formation of a territorial kinship. To be sure, where territories are not geographically isolated, as they are in the 'island nations' of Japan and Sri Lanka, determination of the national territory and, thus, the kinship of the nation is especially complicated, specifically in the border regions, for example, in the case of Poland, in the area of Silesia with its German-speaking population.

Despite such complications, all of these pre-modern societies had to one degree or another the following characteristics that justify considering them to be nations:

(1) a self-designating name;
(2) a written history;
(3) a degree of cultural uniformity, often as a result of and sustained by religion;
(4) legal codes;
(5) an authoritative centre, and
(6) a conception of a bounded territory.

However, examinations of all of these societies also indicate uneven developments of each of these characteristics constitutive of a nation. Even the most elementary feature of the existence of the collective self-consciousness of a nation, its self-designating name, can be ambiguous, as was the case for perhaps the clearest example of a pre-modern nation, ancient Israel. At times the designation 'Israel' referred to: the kingdom of David and Solomon; the northern kingdom of Israel, as distinct from the southern kingdom of Judah; and often as a goal to be realized.

Moreover, during much of the period of the Second Temple (538 BCE to 70 CE), the ideal of Israel was borne by the society designated as Judea. The ambiguity of the self-designating name of the nation, often indicating sharply competing visions of what the nation is and should be, can be found today in, for example, 'Mother India', which may or may not be understood to include Christians, Muslims, and Sikhs. However, this does not mean that, today, legally, religiously, and linguistically diverse India is not a nation. Granted these and other complications, those characteristics that suggest the existence of a bounded, territorial community of kinship in earlier periods should not be denied.

The criterion of citizenship

It is sometimes argued that the criterion for the existence of a national community should be citizenship. Let us consider this possibility by returning to the medieval history of Poland. If one insists that a citizenship that extends to the vast majority of the population should be the decisive criterion for the existence of a nation, then medieval Poland was not a nation. It was at most a 'nation of the nobility', for it was the nobility that determined, beginning in the 15th century through its parliament, the *Sejm*, the political affairs of medieval Poland. However, this criterion of citizenship raises a number of complications for the historian for his or her understanding of such modern nations as England and France of the 19th century.

If there is hesitation in characterizing medieval Poland as a nation because full civil and political participation was limited to the nobility, then should not the same reservations apply to England and France – by 1832, only 3.2% of the population in England was entitled to vote for parliament and only 1.5% in France was enfranchised? Moreover, if one insists that a nation exists only where there are recognized legal rights and duties common to the vast majority of the population, then one is in a quandary as to how to characterize stateless Poland during the 19th century, when its territory was partitioned between Prussia, Austria, and Russia. During this period there certainly continued to exist a Polish collective self-consciousness.

There can be no doubt that democracy, as a form of government for making decisions, facilitates the stability of the nation as a territorial community precisely because it recognizes legal rights and political participation for the vast majority of the population. Nevertheless, to elevate modern conceptions of citizenship as the criterion for the existence of a nation collapses the nation as a territorial relation of kinship into one form for making political decisions. The historian who insists on the criterion of citizenship for the existence of a nation and who thereby maintains the distinction between pre-modern societies and modern nations is thus forced to:

(1) minimize significant and continuing expressions of territorial relations of kinship in pre-modern societies;

(2) overestimate the cultural uniformity of the modern nation; and
(3) invite an analytical quandary in light of such developments as stateless nations and 'regionalism'.

To be sure, the conclusion that there existed pre-modern nations requires that the analyst tolerate various ambiguities, various partial developments; but in reality the nation as a social relation is always a fluid combination of a criss-crossing plurality of different and developing relations. This is also the case for the modern national state, where even the determination of membership is subject to an ongoing process of reinterpretation, as can be seen in the changing laws of immigration and citizenship (for example, the 1971 and 1981 UK Nationality Acts, and the 1990 US Immigration Act).

There are, nonetheless, differences to be observed between the structures of pre-modern and modern territorial relations of kinship. The sociologists Edward Shils and S. N. Eisenstadt rightly emphasized that modern societies are characterized by a greater participation of the peripheral sections of society in the activities of the centre, thereby indicating a greater cultural cohesiveness of the territorial relation. Examples of such participation are democracy where sovereignty ultimately resides in the majority of the population, public education, and an increased social mobility as a result of personal achievement rather than a rigidly maintained social hierarchy based on the status derived from the circumstances of birth. However, the historical differences in the relation of periphery to centre between modern nations and our four examples are better understood as a question of degree because of the existence in the latter of written codes of law, conceptions that the king was responsible for the society (to maintain irrigation systems, to maintain the law, to maintain the peace), and the centre's many obligations to the national religion, such as the construction of shrines, temples, and churches.

Clearly, the difference between a popularly elected prime minister or president and a king is important. However, a king has also been an object of respect, and, as such, a point of reference in the collective self-consciousness of a territorial relation of kinship, for example the Japanese emperor or the French king as a miraculous healer of the sick, as described by the historian Marc Bloch. To be sure, it is likely that the firmness, the prominence, of the territorial relation, as expressed by the sentiment of patriotism, is greater when the distinction between periphery and centre is not acute; but this does not mean that the consciousness of defending the home was not extended beyond the familial home to the homeland of the pre-modern society. Such an extension, and the territorial community that it implies, was made possible by the recognition of the centre, for example of the king, as the defender of the peace of the country, shared customs (including religion and language), and histories that contained mythical elements.

We conclude this chapter by returning to the consideration of mythical elements in the formation of the nation. It may be possible for a bounded society to be formed on a purely contractual basis; but it has not happened yet. This is not to deny the importance of the European, constitutional tradition of an agreement between the governed and the ruler, and especially that both are subject to the law. Nonetheless, in the formation of modern territorial relations, a distant, often mythical past, or an asserted empirically unverifiable condition, has been appealed to time and again to justify the uniqueness of those relations.

Such an appeal may amount to little more than a cynical calculation for the purpose of exploiting communal tensions. In India, for example, there was the 8-year-long campaign by the Hindu Rashtriya Swayamsevak Sangh and the Bharatiya Janata Party to demolish the 475-year-old Muslim mosque at Ayodhya, culminating in its destruction on 6 December 1992, because it was supposedly the place of the birth of Ram, the incarnation of the Hindu god Vishnu, of the epic *Ramayana*, much of which was probably written more than 2,000 years ago. The appeal to the past may be more of a creation than a restoration, for example the revival of the Shinto religion in Japan beginning in the 18th century that culminated in the 'State Shinto' of the Meiji Restoration (1868). In both of these instances, myths were exploited in the service of infusing a nationalistic vision into the territorial relation – for India, the idea of *Hindutva* ('Hinduness'); for Japan, that of *Kokutai* (a 'national essence'). Both sought to deny historically factual complications in the formation of the nation that a more civil conception of a territorial relation would tolerate: for India, Sikhs in Punjab, Christians in Kerala, and Muslims in Kashmir who contradict a vision of India as necessarily Hindu; for Japan, a more than 1,400-year-long history of Buddhism that contradicts a vision of Japan as free from foreign influence.

The appeal to the past may be rather obscure. For example, a monument known as the *Hermannsdenkmal* was constructed in 1875 in the Teutoburger Forest, near Detmold in North Rhine-Westphalia, Germany, to commemorate the victory in 9 CE of Arminius, or Hermann, warlord of the Cherusci, over the Roman armies under the command of Quinctilius Varus. The monument was to represent the independence of the German nation, asserting a factually most doubtful kinship between the ancient Cherusci and modern Germans.

The appeal to the same past may differ depending upon the circumstances of the present. In 1989, as tensions were escalating with the Croats that would soon erupt into a genocidal war, the Serbs celebrated the 600th anniversary of the Battle of Kosovo, when in 1389 under the command of Prince Lazar they were defeated by the Ottoman Empire; and yet in 1939, facing the prospect of German invasion, there were attempts to portray the battle as a symbol of the independence not of Serbia but of Yugoslavia.

Elements of myth are also to be observed in the traditions of the United States of America, and not merely in the propositions of the

9. The *Hermannsdenkmal*

Declaration of Independence about the 'self-evident truths' that 'all men are created equal' having been 'endowed by their Creator with certain unalienable rights' that are ultimately derived from a Judaeo-Christian heritage. As the American tradition has developed, there has arisen a myth of the founding fathers of the nation that obscures any number of differences between them about the implications of these statements of equality and rights, for example whether self-rule was to be federal or national. Some of the controversies arising from these ambiguities were uneasily settled by the American Civil War, in favour of – as is often the result of war – an increased national unity. However, new myths emerged, such as the belief in the 'manifest destiny' of the American people to establish the boundaries of the nation from the Atlantic to the Pacific. Indeed, it was argued that these boundaries were designated by God, even though, as with the ancient Israelites, there was uncertainty as to their location, specifically whether the northwest boundary should be the 49th parallel or further north at 54,40.

These latter cases of modern India, Japan, Germany, Serbia, and the United States represent only a few of many possible examples that indicate that in the formation and continuation of all nations, including those of the modern world, there are appeals to ideas, such as a trans-generational territorial kinship or 'truth' or 'unalienable rights'. Such ideas, while not capable of empirical verification, provide justification for the bounded social order. The most obvious example of a set of ideas that cannot be empirically verified is religion. In all of the territorial relations of kinship, both pre-modern and modern, discussed in this chapter, religion has been a factor in their formation and continued existence. The problem to be taken up now is therefore an examination of the relation between the nation and religion.

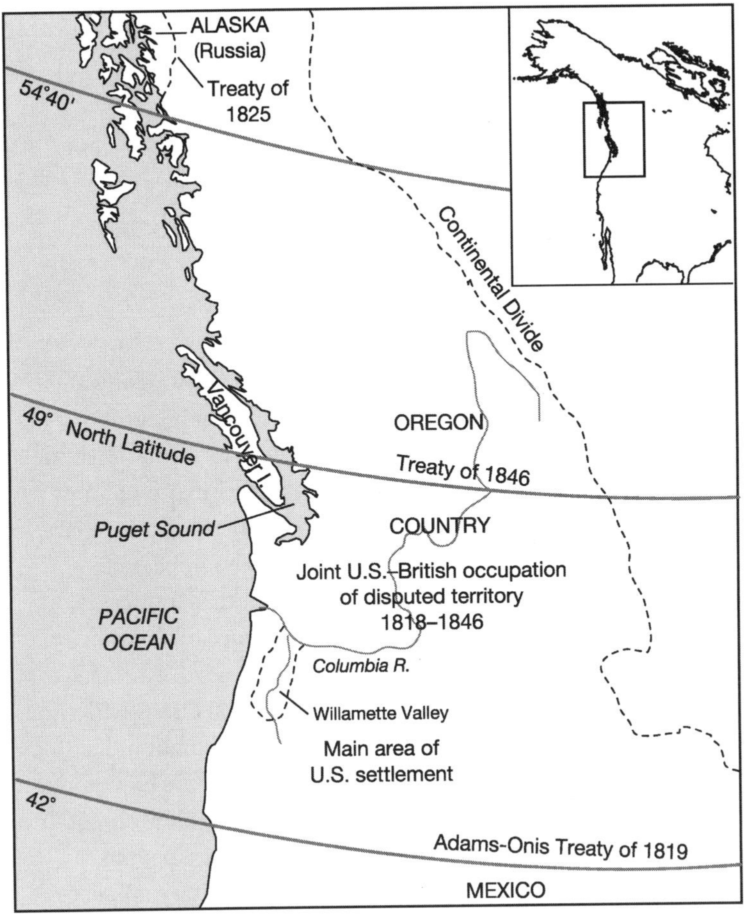

10. The Oregon territory before 1846, indicating the uncertainty of the northwest border of the United States

Chapter 6
Whose god is mightier?

The relation between the nation and religion is historically and conceptually complicated. Religion has both been integral to, and at odds with, the formation and continuation of nations. An understanding of this relation requires a determination of how it varies from one religion to another, thereby entailing a comparative analysis. Let us begin the examination of this complicated relationship by returning to the previous chapter's four cases, in each of which religion is integral to the existence of a nation.

Although the origin of the nation of ancient Israel is, as with other nations, obscure, it is likely that an important element in its formation was the war camp. What little evidence we have about its early history, for example the monument of Pharaoh Merneptah (1207 BCE) that records the victory of Egypt over a people designated as 'Israel', or such 'proto-Israelite' military alliances as described in Judges 5, suggests as much. The likelihood of such a possibility is increased if the disputed etymology of the term 'Israel' is, in fact, 'god (El) contends'.

While one cannot say with certainty when the worship of Yahweh became dominant among the deities worshipped by that population that was becoming 'Israel', it is probable that Yahweh was the god of David and Solomon. Certainly at some point in Israelite history, to be an Israelite (or Judaean) was to worship

11. The monument of Pharaoh Merneptah, containing the statement that 'Israel is laid waste and his seed is not' because of the military victory of Egypt in *circa* 1207 BCE

Yahweh, thereby distinguishing the Israelites from the Milcom-worshipping Ammonites, the Chemosh-worshipping Moabites, and the Hadad-worshipping Aramaeans. Moreover, clearly the worship of Yahweh sustained the existence of the Jewish nation throughout the Babylonian, Persian, Seleucid, and Roman occupations.

The worship of primarily one god by one society, for example Yahweh by the Israelites or Chemosh by the Moabites, thereby excluding the worship of the god of another society without denying its existence, represents a significant development for the existence of a nation. In this instance, where worship of a god is limited to a territory and the people of that territory, religion and nation coincide with one another, such a religion sustains the nation, because the worship of such a god, as the 'god of the land', unifies the land and its inhabitants into the culturally relatively uniform territorial community of the nation. It is only with monotheism that, at least doctrinally, the existence of other gods is denied as they are judged to be false idols. However, even when the ancient Israelites became monotheists, the worship of Yahweh by the ancient Israelites and later by the Jews continued to contain the ideas of a chosen people, promised land, and supposed lineage of Abraham-Isaac-and Jacob that distinguished these monotheists, as a nation, from the other children of the one and only god.

As we have observed, early on and continuing throughout Sinhalese history, the uneven territorial unification of Sri Lanka was inseparable from the propagation of Buddhism throughout the island. The continued history of Japan as Japan, above all the institution of the emperor, rests to no small degree on the worship of the Japanese deities, the territorial *kami* of the clans, and the transformation of that worship into a national religion through the worship of the sun goddess Amaterasu. Finally, while the 14th-century CE Polish kingdoms of Łokietek and his son Casimir had as their reference the restoration of the territory of the Piast kingdom,

Roman Catholicism was central to that restoration, initially as a Papal protectorate and subsequently by distinguishing Poland from Lutheran Germany on its western border and Eastern Orthodox Russia on its eastern border.

In all of these cases, as well as others such as the conversion of ancient Armenia to Christianity and the formation of the societies of Eastern Orthodoxy, the role of religion as a factor in the emergence and continuation of the relative territorial cohesion of these previously culturally fragmented societies into nations was abetted by the political policies of the emerging and then authoritative centres. Nevertheless, there were complications in religion's contribution to the cohesiveness of these nations. For example, for ancient Israel there were Yahweh-worshipping Samaritans during the period of the Second Temple; for Japan, Buddhism was important throughout much of its history; for Buddhist Sri Lanka, there were Hindu-worshipping Tamils and numerous aspects of Hinduism incorporated into Sinhalese Buddhism; for Catholic Poland, there were notable Jewish and Protestant minorities.

The nation and monotheism

It tends to be through religion that the individual formulates the purpose of his or her existence; often the relation of his or her society to other societies; and, thus, the place of the individual and his or her society in the perceived order of the universe. However, in the formulation of this purpose, the relation between the nation and religion becomes complicated when that religion is monotheistic. This is because the belief in one, universal god asserts the unity of humanity, and not the distinctiveness of the nation.

The universal monotheism of the ancient Israelites and Jews is explicitly qualified by the two concepts of a 'chosen people' and a 'promised land'. These two concepts join together two purposes to human existence:

1) the continuation of a nation based on the preoccupation with vitality (Deuteronomy 30:19–20, 'choose life, so that you and your children may live . . . in the land'); and
2) the affirmation of a proper order of life that is universal, as conveyed by the belief in one god.

Such a qualification of monotheism need not be conceptually explicit. For example, monotheistic Roman Catholicism and Buddhism, when viewed from the perspective of the respective histories of Poland and Sri Lanka, are also instances where monotheistic beliefs have been intertwined with the nation. Indeed, today, the Sinhalese Buddhists worship the territorial 'Four Warrant Gods' as protectors of the nation.

Consideration of additional evidence will clarify the complicated relation between monotheism and the nation. Eastern Orthodox tradition has it that the Virgin Mary, during the siege of Constantinople by the Avars and Persians in the 6th and early 7th centuries CE, fought alongside the defenders of the city before the walls of the church at Blachernae in which her shroud had supposedly earlier been placed. As a consequence, the view emerged that Mary, Theotokos, 'she who gave birth to God', was the protectress of Constantinople. Polish tradition has it that, in 1655, the Virgin Mary appeared on the walls of the monastery of Częstochowa to defeat the Swedish invaders of Poland. Thus, the belief developed that Mary was the protectress of the territorial integrity of Poland.

There are many examples of a god or goddess being viewed as the guardian of a territorial society. Perhaps the best known is the goddess Athena as benefactress and protectress of ancient Athens; but, of course, ancient Greek religion was polytheistic. However, the beliefs in the supposed actions of the other-worldly Mary at Częstochowa, or those of the Buddha in Sinhalese myth, are examples of monotheistic religions contributing to the consolidation and continuation of spatial limits of significance – the

12. The Virgin Mary of Częstochowa (the 'Black Madonna'). In 1717, Mary was proclaimed by the Polish King Casimir to be Queen of Poland

bounded territory of the this-worldly nation. Should such contributions be understood as a polytheistic compromise of monotheism? After all, why should the 'Mother of God' show preference for Poland, as Athena did for Athens?

Let us consider the complications posed by the nation to monotheism from a different angle. Many nations acknowledge past, critical moments and heroic sacrifices in defence of the nation by having a 'tomb of the unknown soldier'; for example England does so at Westminster Abbey in London, France at the Arc de Triomphe in Paris, and the United States at Arlington National Cemetery near Washington, DC. These tombs are monuments to the nameless territorial ancestors and heroes of the nation who, because they gave their lives protecting their nation in war, are believed to be deserving of veneration.

Within the monotheistic civilizations, the fallen soldiers commemorated by the 'tomb of the unknown soldier' are not prayed to as gods. These soldiers were of this world; while the Virgin Mary, to whom one may pray, is an other-worldly power. This distinction is important because with the other-worldly Mary, we are in the conceptual world of religion. Nonetheless, a kind of religious aura surrounds the 'tomb of the unknown soldier', thus blurring this distinction.

The imaginative object of the monotheistic religions transcends this world; it is either an other-worldly existence – heaven, Nirvana, or an end of time when the world will be transformed – or an other-worldly power. There are certainly also imaginative elements in the nation, as expressed both in the asserted temporal continuity between the present and the past and in the territorially extensive kinship, both of which are beyond the physical experience of any particular individual. However, the object of this transcendence, the territorial community of the nation, is of this world. Nonetheless, we have already observed examples in which the historical communities of the monotheistic religions have blurred this distinction between the other world and this world. They have repeatedly accommodated themselves to the territorial relations of this world. It is to one such accommodation, also involving the tombs of heroes, that we now turn.

The cult of the saints

In opposition to such accommodations, early Christianity rightly ridiculed the worship of the Roman Caesars as gods. It objected to this pagan elevation of the living human to the divine, an earlier version of which was the worship of the dead Greek hero. Yet, throughout the history of late-antique and medieval Christianity, a variation of this elevation can be observed in the 'cult of the saints'. The cult of the saints often represented an accommodation of monotheism to the nation. How so?

The altar is a specific location where the worshipper seeks access to god; where there is a vertical relation between the worshipper and the heavenly divine. With the cult of the saints, the tomb of the saint becomes another location where the worshipper seeks access to the divine; thus, tomb and altar are in a sense joined. However, when the saint is also a heroic representative of the nation, the divine ceases to be exclusively heavenly. The relation between worshipper and national saint is no longer merely vertical; it becomes also horizontal because the sacredness of the heavenly saint is now understood to contain reference to the nation. The sacredness of the national saint is viewed as pervading the territory of the nation, the very existence of which his or her actions made possible.

Consider, for example, King Louis of France (1226–70 CE), who was canonized in 1297 CE. Clearly, with the canonization of Louis IX, the ruling family of France, the Capetians, became joined to heaven, thereby adding religious legitimacy to their dynastic rule. Various parts of the saintly King Louis were placed, as relics, in different monasteries throughout the territory of France, thereby adding religious support to the territorial unity of the kingdom. One is reminded of both the account of the scattering of the body of Saint Stanisław throughout the territory of Poland and the relics of the Buddha placed in different shrines throughout Sri Lanka.

The jurisdiction of the perceived power of the dead Greek hero who had ascended to Olympus was in the land of the city-state where his bones were buried. This 'territorialization' of supernatural power is similar to that of the Christian national saint, except the land is that of the nation, the entire extent of which now has a relation to the divine, especially so when power-bearing parts of the body are scattered, as religious relics, throughout the land. When the king or hero of a nation becomes a saint, the nation is joined to the eternal order of the universe, thereby contributing to the justification of its territorially bounded, cultural distinctiveness.

The nation and paganism

Monotheism's accommodation to the nation – as presented here by the examples of Mary as the protectress of Poland paralleling the pagan goddess Athena's relation to ancient Athens, and the variation of the pagan elevation of the human to the divine in the cult of the saints – leads to posing a provocative question. Does the nation today represent the continuation of paganism within the civilizations of our time to which monotheism has accommodated itself? The answer to this question will depend upon how the term 'pagan' is understood. The word is from the Latin *paganus* that, for the Romans, meant belonging to the countryside or to a village, hence a peasant. As the early Christians tended to live in cities, the term 'pagan' came to mean someone who, because he or she lived in the countryside, was presumed not to be Christian; and perhaps the rural population remained more faithful to the polytheistic nature deities. (Here one observes the tradition of associating the peasantry with the gods of nature and fertility, of the land – a tradition that received its fullest expression with those 19th-century Romantics who thought that the 'true nation' resided with the peasantry.)

Characteristic of paganism was that, in the words of the pagan Symmachus, Prefect of Rome (384 CE), 'each people is given its own divine power to take care of its destiny', just as the Athenians had the goddess Athena. After the Emperor Augustus, this supernatural power (which the Romans called their *genius*) had been attributed to the Roman emperor, because he was the one responsible for the destiny of the Roman people. This development reached its logical conclusion in the elevation of the emperor to a god. Thus, as the emperor, as head of the state, was divine, so, too, the state itself became divine. In the aftermath of Fascism, the term 'paganism' has sometimes been used to refer to the deification of the state, where nothing is held to be more important than the state. This is a reasonable usage, signifying the horrors unleashed upon humanity when, because the state is elevated above all other concerns and, thus, is worshipped as if it were a god, the humane truths of monotheism – particularly that all of humanity is created in the image of god – are repudiated.

However, I wish to put all this aside and focus on what, for our purposes, is also conveyed by the term 'paganism': the recognition of the gods of both the ancestors and the land. These pagan gods are the symbolic expression of the territorial relation of nativity. They are the gods of nature, of vitality and its transmission, whose jurisdiction, like that of the national saint, is territorially limited; and who, as such, are to be contrasted with the universality of the god of monotheism. To be sure, such gods are not openly acknowledged today within our monotheistic civilizations. Nevertheless, are not the pagan ideas of the gods of the land and ancestors implicitly conveyed in today's conceptions of a fatherland and motherland? In so far as the nation is a bounded territorial community of nativity, is it not a bearer of these pagan ideas within monotheistic civilization? After all, much of European history, including the 20th century, was a history of one Christian nation engaged in war with another Christian nation, each defending its own perceived, unique relation to the divine. And, indeed, many Christian lands have their respective national saints. The recognition of national saints represents the homage paid by the otherwise universalistic, monotheistic religions to the territorial kinship of the nation.

I have observed that, in the formation and continuation of any social relation, numerous and different pursuits and interests are intertwined with one another. Certainly, one factor in the accommodation of the monotheistic religions to the territorial relation (that may be characterized by the religious category 'pagan') has been a concern for adding support, hence stability, to political power through religion. This was obviously so in the

French King Philip the Fair's exploitation of the cult of his grandfather, Louis IX, in the emergence of France as a nation; in the ancient Israelite King Josiah's centralization of the cult of Yahweh that served to establish Jerusalem as the political centre of the Israelite nation; in King Dutthagāmani propagation of Buddhism at the expense of the Hindu Tamils; in the 'territorialization' of Christianity through the principle of *cuius regio, eius religio* (only one form of Christianity in a territory, depending upon the faith of the ruler) of the Augsburg Treaty of 1555 CE; and in the Moroccan cult of the Islamic Idris, championed by the Marinids in the 14th and 15th centuries CE to further the image of Morocco at the expense of tribal loyalties. In all of these examples, monotheism has been adapted to serve the consolidation of nations.

Rather than insisting on a sharp historical contrast between pagan religions and monotheistic religions, it is more accurate to recognize two evidently persistent religious patterns of orientation that come together in varying ways. Clearly, the relation between monotheism and the nation can be tension-filled, and aggravatingly so when it achieves the institutional expression of a separation between church and state. In the face of an enormous amount of historically complicated evidence, the problem becomes one of clarifying the variation of the relation between the nation and religion from one civilization to another.

Comparison by civilizations

The tension between the nation and religion is lessened when the religion itself is territorially restricted; that is, when there is a 'god of the land', as in many of the ancient, polytheistic religions. There are several observations about this relation in antiquity to be made.

It was common then for the gods to be appeased by worshippers through sacrifice, in the expectation that they would bestow favour in return. For example, sacrifice was made to the gods of fertility, such as the storm god Baal of ancient Ugarit, Hadad of the Aramaeans, and the Hittite Telipinu, in the hope that they would bring rain so that there would be a bountiful crop. Droughts were understood to be a result of the gods' withdrawal of favour or even their absence.

When the storm god is also the war god, a religious development has occurred. The combining of functions (in this case, rain and war) indicates that a greater coherence in religious understanding has taken place, because the conceptual chaos arising from the existence of many gods, each with their own function, has been lessened. One observes an anticipation of this development in the Babylonian creation myth, the *Enuma Elish*, where it is asserted that although there are fifty gods, each with their own name and function, they are all one god, Marduk. This coherence, when accompanied by a stable pantheon, represents a development of a relative cultural uniformity – a development often marked in religious myth by a war between the younger gods against the older, as in the Mesopotamian and Greek traditions. Such a relative cultural uniformity does not necessarily signify the existence of a nation; both ancient Sumeria and ancient Greece lacked an authoritative centre capable of subordinating loyalties to the particular city-states to, respectively, Sumeria and Greece as nations. Nonetheless, such a relative, bounded cultural uniformity is noteworthy as a development towards the nation.

When this relatively greater coherence of religious conception is accompanied by the ascendancy of the god of the land within the pantheon, then that cultural uniformity is explicitly territorial. For example, the Egyptian worship of Horus (Lower Egypt)-Seth (Upper Egypt), and later Amen (Theban)-Re, may indicate the existence of a nation. When the god of the land is the primary god to be worshipped, then such a religion likely signifies the existence of a nation, as there exists a collective self-consciousness that a people has its land, that land has its people, and both that people and that land are unified respectively into a nation and a territory through the worship of the god of that people and that land.

There were foreign rites established among the Caunians, but later they turned against them and resolved to follow none but their own gods; and so all the Caunians, putting on their armor – all, that is, of military age – advanced to the boundaries of their country, beating the air with their spears and saying that they were driving out the gods of the foreigners.

Herodotus, *The History*

These developments in the religions of antiquity could, however, follow different paths that would complicate the relation between the nation and religion. When the image of the god that had heretofore been a factor in the assertion of the cultural distinctiveness of a territorially bounded society acquired the attributes of other gods (a process known as 'syncretism'), above all, those of other societies, then that distinctiveness was undermined. An example of such a syncretism was the cult of the Egyptian Isis that spread throughout the Mediterranean world. Moreover, under the impact of the philosophies of Stoicism and neo-Platonism, there arose religions that could be characterized as 'pagan monotheism', the classic example of which was the Roman Emperor Julian's worship of the sun. Rather than serving the consolidation and continued existence of a nation, religious syncretism and pagan monotheism contributed to the existence of an empire.

Regarding the monotheistic religions, as Judaism's relation to the nation has already been discussed, only a few additional comments are required before turning to Christianity and Islam.

Monotheistic Judaism's intimate relation to the nation is a consequence of the universal orientation of the belief, requiring a ‘circumcision of the heart’ (Deuteronomy 30:6), in one god who created all of humanity in his image (Genesis 1:27) being explicitly combined with the assertion of the cultural distinctiveness of the beliefs in a chosen people and a promised land. Judaism’s conceptual development of one, universal god who intervened into the history of humanity by forming a relationship with a particular nation has had a profound influence on Western civilization. This influence consists of:

1) beliefs of other nations, for example the French during the Middle Ages, that they were ‘chosen’;
2) a conception of time as directional, exhibiting progress, but one that nonetheless continued to contain returns to past moments that were perceived to have established various forms of national distinctiveness, ranging from the covenant between Yahweh and the Israelites at Mount Sinai, to the Puritan emigration to the new promised land of America, to Poland as the sacrificial saviour of Christendom; and
3) a conception of the end of time when the rupture between this world and the other world would be overcome, thereby re-establishing Eden.

This religious development combined, albeit uneasily, universal monotheism with the nation in such a way that a particular nation was viewed by its members as being different (‘chosen’) precisely because its existence was understood as being uniquely related to the universal purpose of the god of all of humanity. As a consequence, in Judaism one finds the belief that not only is Israel sustained by its centre, Jerusalem, but that Jerusalem is also the centre of the world (Ezekiel 5:5, Jubilees 8:19) because it is there where the world is joined to God. Such a belief is to be found, with variation, in other civilizations. For example, in Eastern Orthodoxy, there arose the belief that Moscow was the ‘Third Rome’, and, as such, should be the centre not only of Russia but also of universal Christianity. There thus arises an understanding that the nation has an historic mission in the transformation of the world.

However, the assertion of universal significance of the centre, such as Jerusalem or Moscow, carries with it the potential to break the limitation of the cultural distinctiveness of the nation in favour of empire. An example of this potential is to be found in Confucian China of the Han Empire (202 BCE to 220 CE). The Chinese centre, *zhongguo*, was understood to be responsible for the dispersion of the proper civilized way of life, *li*, that could, in principle, be accepted by anyone. Indeed, it was believed that the emperor ruled with the mandate of heaven only if he combined *li*, through the correct performance of ritual, with a correctly disciplined heart. The most obvious religious expressions of this universalistic orientation at the expense of national attachments are Roman Catholicism and Islam, with their respective centres of Rome and Mecca.

In contrast to the ancient Israelite and Jewish beliefs in the supposed lineage of Abraham-Isaac-and-Jacob and the territory of the promised land, Paul rejected such attachments.

> **Here there is no Greek or Jew, circumcised or uncircumcised, barbarian, Scythian, slave or free, but Christ is all, and is in all.**
>
> **Colossians 3:11**

Christianity is doctrinally a universal religion whose homeland is not of this world. One would thus expect Christianity to be at odds with the nation. Indeed, Christianity recognizes a distinction between this world, that of Caesar, and the other world, that of God. To be sure, Jesus's distinction between these two realms (Matthew 22:21) was ambiguous, and rendered more so as it underwent interpretation under the demands of future events.

However, because Christianity has recognized this distinction between the 'city of man' and the 'city of God', there exists an arena, the city of man, for the development of the relations of kinship of the nation. Nonetheless, the otherwise oppositional universalism of Paul remains, thereby posing the problem of the relation between these two realms. Viewed from the perspective of the nation, the doctrinal victory, during the 2nd century CE, of the early Church over the Gnostic Marcion (who opposed including the Hebrew scriptures, with their ideas of a chosen people and promised land, as part of the Christian Bible) was to legitimate, albeit uneasily and paradoxically, this arena for national attachments to develop. Thus, the relation between Christianity and the nation in the history of Christian civilization has gravitated between two poles:

1) where Christianity and the nation have come together in different ways; for example, the national churches of both Eastern Orthodoxy and Protestantism, the recognition of national saints, and the belief that various Christian nations are 'chosen'; and
2) an imperial tradition, for example the Christian Roman empire, the Holy Roman Empire of early and medieval Europe, and Moscow as the Third Rome.

Similar to Judaism and Christianity, Islam recognizes a distinction between this world and the other world. However, unlike Christianity, the Muslim community is obligated to transform this world in accordance with its universal image of the other world. In this regard, the Muslim community, through obedience to its sacred law, the *Shari'ah*, followed ancient Judaism, as the Jews are to be a 'kingdom of priests and a holy nation' (Exodus 19:6) in this world. The crucial difference between Judaism and Islam with regard to the nation is that the Jews are to be a holy nation, while the Islamic community, the *ummah*, is envisioned as being universal. For Judaism, the attachments to kinship and territory are explicit, although they co-exist uneasily with a belief in a god whose jurisdiction was the entire world. For Christianity, a conceptual arena for their existence, the city of man, was recognized, but not without difficulty. For Islam, however, there is an overt opposition to recognizing as legitimate these attachments.

The intention of this comparison is to recognize only a tendency in the variability for the emergence and continued existence of nations in different civilizations, classified by their respective religions. Clearly, many factors other than religious have had a bearing on the existence of nations, such as relative geographical isolation, as in Japan and Sri Lanka. However, the task of this chapter is to isolate religion as a factor in the emergence and continued existence of nations; and it is evident that when compared to Christian civilization, the history of Islamic civilization, until the late 19th and 20th centuries, is not one of a number of national societies.

Yet the contrast is not absolute, and not only because Christian civilization also has a tradition of empire. One is, for example, struck by the historian of the civilization of the early and medieval Islamic Middle East Ibn Khaldûn's repeated use in *The Muqaddimah*, written in 1377 CE, of the concept of 'group feeling' or 'solidarity' (*'asabiyya*), signifying the collective self-consciousness of kinship beyond its literal reference to the family to include the attachments found to one's neighbours, allies, and state (dynasty). Justifying Ibn Khaldûn's use of this concept to indicate the social relation of a territorially extensive kinship within the Islamic Middle East is the long history of Iran. For example, one observes:

1) the resilience of the term *īrāniyyat*, 'being a Persian', in contrast to being an Arab;
2) the Persian Buyids' (945–1060 CE) opposition to the Arab rule of the Abbasids, underscored by the former's introduction of the ancient Iranian title of the *Shah*; and
3) beginning in the early 16th century, Iran's adoption, under the Safawids, of Shi'ism in opposition to the Ottoman Empire's Sunni beliefs.

In the western part of the Islamic Middle East, political and cultural conflicts arose between the Maghrib of North Africa and Muslim Spain; and in the 17th century CE, military clashes occurred between Muslim Morocco and the Muslim Ottomans.

Finally, Islam, too, has had its veneration of saints, although not without opposition. To be sure, this 'pagan element' within Islam did not always have territorial implications; but it occasionally facilitated territorial solidarities within Islamic civilization when the saints were of a local dynasty. This was the case in the Moroccan cult of the *sharifs*, the supposed descendants of Muhammad through the 8th-century CE Idris. In the formation of Morocco, both the Marinids and especially the 'Alawites (17th to 18th centuries CE) claimed authority as *sharifs* that served as an ideal of a unified Islamic Morocco in contrast to local tribal loyalties. Nonetheless, the this-worldly universalism of Islam has tended to be an obstacle to the consolidation and extension of local attachments into nations throughout much of the history of the Islamic Middle East.

Chapter 7
Human divisiveness

Throughout history, humans have understood and organized themselves in different ways. There have been world, monotheistic religions, in which humanity is understood to be one. There have been universal empires such as the Roman, in which citizenship was common to many of their inhabitants. And there have been nations. The ethically pressing philosophical and anthropological puzzle is that humans often organize themselves divisively into various forms of kinship, of which the nation is one example. Why do humans classify themselves in categories of relatedness that are limited, rather than universal? This problem of human divisiveness, posed by the very existence of nations, is the subject of this chapter.

Some analysts of the divisions of humanity have thought that there is something 'given' or 'natural' about those divisions. Moreover, many members of nations believe that there is something given about the existence of their own nation and, although it is of less concern to them, about the existence of other nations of which they are not members. The phrase 'something given' is obviously ambiguous. Those who wish to understand the divisiveness of humanity must certainly clarify the ambiguity of this belief. However, they must also seek to understand why this belief has been so significant to those who hold it.

Race?

During the 19th and first half of the 20th centuries, there were those who thought that the divisions of humanity were 'given' in the sense that they were an unavoidable consequence of racial differences. For example, the French diplomat Arthur de Gobineau (1816–82) argued that humanity was divided into different races and, furthermore, that these races determined the distinctiveness of the culture of one civilization from that of another. His arguments had been anticipated by the vaguely racialist views of the brothers Johannes and Olaus Magnus (mid-16th century) on thc Goths, and Richard Verstegan on the English (1605); but it was Gobineau who developed more clearly the view that the decline of a civilization was the inevitable result of the mixing of one race with another. This view was subsequently extended by the anti-Semitic Houston Stewart Chamberlain, who believed in the existence of a pure Aryan race. The most hideous historical expression of these racialist views was the anti-Semitism of German Fascism, which asserted that the 'blood' of the Jews defiled the supposedly pure and superior Aryan race. Such racialist views about the 'natural' divisions of humanity into permanent physical types have been shown to have no scientific basis whatsoever, as genetic variability may be greater within a race than between races. These views have, deservedly, been rejected today by all serious analysts.

Culture as an explanation

However, the scholarly rejection of these racialist views has not put an end to considerations about the divisions of humanity. Clearly, these divisions still exist, and it is necessary to consider why this should be. The late 19th- and early 20th-century historian Heinrich von Treitschke, a German nationalist of little restraint, thought that the antagonism between races was of little relevance to the national divisions of humanity into states. Instead, Treitschke, in this regard like the Frenchman Ernest Renan, thought that the existence of separate nations was not a matter of biology, but of history. This view indicates that the divisions of humanity are a consequence of human invention, that is, cultural, and, hence, not 'given' in nature. This was also the view of the influential 18th-century writer on the divisions of humanity, Johann Gottfried von Herder.

An interesting argument for the division of humanity that focused on cultural factors was offered before and after World War II by the scholar of Indo-European religions, Georges Dumézil. He argued that there was a culture that was unique to a supposedly common Indo-European character. According to Dumézil, the structure of the Indo-European culture had three levels, each of which had a specific function. The function of the first level was that of ruling and the administration of the sacred, represented by king and priest. The function of the second level was that of force, represented by the warrior. The third was that of production, represented by cultivators and labourers. He further argued that this Indo-European culture was uniquely embodied in and expressed by the Indo-European languages. As a consequence, he thought that this culture was necessarily different from those of other language groups.

Dumézil's argument is relevant for this investigation because the members of a nation often view language as an important factor in distinguishing their nation from another. This perspective of a cultural inheritance, shared, albeit with differences, by Herder, Renan, and Treitschke, rejects a belief in the biologically given (which is now assumed to be universal to the human species) in favour of a recognition of the 'givenness' of the cultural divisions of humanity, whether by civilization or by nation. Nevertheless, the existence of such cultural divisions poses a number of problems. How flexible are they? Above all, how is one to understand humanity's tendency to differentiate itself into societies, each of which has its own cultural heritage and a language that bears that heritage?

These questions point to problems that underlie the current

controversy about the so-called 'clash of civilizations', each with its own distinctive cultural heritage, for example between Judaeo-Christian, Islamic, and Confucian, where Dumézil's structuralist argument might account for historically deep-seated differences between various linguistic groups of peoples, whether civilizations or nations. However, the apparent linguistic and institutional similarities that Dumézil thought were common to a number of early Indo-European societies and their mythologies, and which seem to distinguish those societies from those of other language groups, or even civilizations, might be neither distinctive nor inflexible. The distinctiveness of those institutional forms he attributed to the early Indo-Europeans could be a consequence of similar stages in social development rather than a common linguistic origin. Moreover, the cultural structure of three levels may be a consequence of the requirements necessary for any society to exist – specifically, the need for order (including a justification for that order); the need for protection from external threats; and the provision of goods required to sustain life. If this is so, then the supposed distinctiveness that separates one culture from another is either exaggerated or, given further historical development, will undergo modification. Perhaps increased international trade and beliefs such as those in human rights will undermine the divisions between one nation or civilization from another.

Nonetheless, even those who wish humanity well must be sceptical about the extent to which such developments will undermine human divisiveness. This is so because, so far, cultural developments like the universal monotheistic religions, international trade, and communication that spans the globe have by no means undermined the divisions within humanity. Moreover, these cultural developments have not even undermined deep divisions, national or otherwise, within a particular civilization. This is obvious from the all too numerous events of the 20th century: for the Judaeo-Christian civilization, two World Wars and Fascism; for the civilizations of the East, the racialist militarism of the Japanese, militant Hinduism, and the military clashes between

China and Vietnam; and for Islamic civilization, the war between Iran and Iraq.

Certainly, the universal, monotheistic religions have in the past undermined previously existing, localized groups through the creation of extensive communities of faith; but they have often done so by subsequently contributing to the consolidation of these local groups into nations. For example, contributing to the consolidation of the Franks of early medieval Europe into a nation was their belief that they were a people uniquely chosen by God to defend Christianity; and defend it they did, against their fellow Christians. Likewise, the Armenians from the 4th to the 8th centuries CE were consolidated into a nation by their adoption of Christianity. Examples of universal religions contributing to the consolidation of nations are, as was observed in the previous chapter, to be found from other civilizations: the Sinhalese from the 5th century CE understood themselves to be the Buddhist nation of Sri Lanka in opposition to Hinduism (and the Tamils); and the further consolidation of Iran during the 16th century CE into a nation was abetted by the belief that it was Shi'ite, in opposition to the Sunni beliefs of the Ottomans.

Thus, the relation between seemingly universal developments, such as the monotheistic religions and international trade, and the limiting traditions of territorial kinship turns out to be complicated, because such traditions may persist despite these developments. Consider, for example, the resilience of those beliefs in some kind of uniqueness of a nation that are expressed in recent movements of what is called 'regionalism'. These 'proto-national' movements appear not only in relatively less technologically advanced areas of Asia, for example Kashmir, but also in more economically advanced areas that have been the primary channels for modern life, with its emphasis on the belief in the rights of the individual for all of humanity, for example Quebec, Scotland, and Euzkadi. If only such divisions were phenomena of the past, soon to be swept away by the influence of international trade! The facts indicate otherwise.

To recognize that the assumed 'givenness' of the nation that is thought to distinguish one nation from another may be a consequence of any number of historical factors only raises other problems. While the historical foundation of these distinctions may be an indication of the inventiveness of the human imagination, such that nations or any number of other human relationships are not biologically given (and the wide variability, both by scope and by purpose, of these relationships suggests as much), how are we to understand this capacity for invention? Moreover, why should different cultural traditions exist at all? Why do they appear so prevalent and persistent throughout history? And why have they been repeatedly expressed through terms of kinship? Is it possible that while mankind is an inventive species and, as such, the relations it forms are 'artificial', nevertheless, those relations are not arbitrary? If they aren't arbitrary, do humans form nations out of necessity, or even a biological tendency towards divisiveness?

The biology of 'us' versus 'them'

Various biological explanations have been put forth for the existence and tenacity of the cultural divisions of humanity into distinct groupings, of which the nation is one. One explanation has been economic competition; namely, that the scarcity of resources to satisfy ever-expanding and seemingly often conflicting human desires (including not only those of immediate physical satisfaction, such as hunger, but also more complex aims like prestige) has resulted in humans banding together into groups, which, in turn, compete with one another for those resources. This explanation rests, however indirectly, on a particular understanding of human biology, as does another explanation for the existence of the state made famous by Thomas Hobbes; namely, the calculation to come together so that the life of the individual may be made more secure. These explanations are attempts to clarify, in the idiom of evolutionary biology, strategies of adaptation for the preservation of life.

Some neo-Darwinians and evolutionary psychologists have explained the formation of competing groups as an adaptive response of 'inclusive fitness'; that is, to further the transmission of one's genes and those of your kin in the face of scarcity and any number of threats, such as predators or strangers, to that transmission. If, in fact, humans are 'evolutionarily programmed' to increase the likelihood of the transmission of their own genes, then, so the argument goes, cooperation both to secure limited, contested resources and for protection, initially in support of one's family (an expression of genetic favouritism), would have required the formation of various forms of larger groups. These groups are understood by their members in terms of kinship because such an understanding would then serve to extend the inclusive fitness of genetic transmission to those with whom one cooperates. Thus, the beliefs around which various forms of kinship are formed are historically so persistent because they are, in some way, derivative of and facilitate the biologically given.

The temptation facing the Darwinian is to provide a biological account for all of human behaviour, because ultimately, as for all naturalistic accounts of human behaviour, no contrast exists between nature and culture, as the latter must serve the former. Thus, for such biological explanations of human conduct, the existence of distinct and competing groups of varying kinds must serve some adaptive purpose, because otherwise they would not exist.

There is likely some merit to incorporating biological facts into the social and historical sciences. However, here, too, problems arise. First, there is the ambiguity of what it means to be 'evolutionarily programmed'. When one considers that women who earn a college degree are 50% more likely than other women to be childless, or that populations of nations with a high standard of living have fewer children, to the point of exhibiting zero population growth or even declining populations, one wonders what it means to be 'evolutionarily programmed' for genetic self-interest. Why, when scarcity and other threats to one's existence have been minimized, should some people, both individually or as a national aggregate, choose not to have children; and thereby seemingly undermine 'inclusive fitness'? Second, there is the difficulty in accounting for, in biological terms, the belief in being genetically related to those for whom this is factually not so. Furthermore, while the cultural formation of a kinship group significantly larger than the family may provide a structure for efficient cooperation in the pursuit and allocation of resources through the formulation of criteria – cultural markers such as language – indicating who can and cannot be trusted, is such a formation ultimately adaptive or maladaptive? How is one to explain kinds of conduct that appear to contradict the statement of initial conditions of furthering genetic transmission, such as the suicidal struggle for national prestige, or wars of mass destruction between nations?

Some Darwinians might respond that these examples are expressions of maladaption arising from the fact that humans have stone-age minds in modern skulls; that is, the adaptive mechanisms of natural and sexual selection necessarily lag behind the rapidly changing cultural environment. However, such a response is an admission that at any particular point there may be no direct relation between nature and many cultural expressions of human conduct; or if there must be such a relation, we today are not in a position to say what it is, as we lack the perspective of many millennia to make such a determination.

The diversity of human behaviour

The complicating factor for naturalistic accounts of human behaviour is that culture is not uniform. Humans engage in a multitude of diverse activities in pursuit of incomparable, indeed at times contradictory goals, for example a tendency to form distinct and competing groups such as nations along with a tendency to assert the unity of humanity, as in the monotheistic religions. What is at issue here comes down to this: how is one to understand the evident human ability to make a choice between different and seemingly incomparable alternatives, such as going to war for one's country or refusing to kill a fellow human being? Does the existence of such alternatives and the ability to choose between them indicate an 'openness of the mind to the world', or 'freedom'? The behaviourist who thinks that human conduct is determined by biological drives may object to such a possibility by insisting that 'choice' is merely a consequence of either the lag of evolutionary adaptation or the excessive cost of information to maximize efficiently one's pleasure or preference. Such objections, however, have the appearance of 'just so' stories in the service of maintaining the exclusivity of the explanatory mechanism of the asserted initial condition, in this case behaviourally determining biological drives.

To recognize a diversity of human goals does not invalidate the merit of either Darwinian or economic accounts of human behaviour, for the different pursuits of humanity, their associated social organizations (for example, nation and church), and the ability to choose between them surely have biological foundations. However, it restricts their explanatory merit. The question that accords better to the facts of human behaviour is how to understand diverse, even contradictory, human purposes. These observations lead to a consideration of the relation between the diverse ways humanity organizes itself and the biological imperatives, or behaviourism, of the animal kingdom. It is the problem of clarifying the ambiguity of the 'givenness' of human division, of which the nation is one example. The goal here will be modest: to outline various difficulties involved in clarifying this ambiguity, thereby indicating complications rather than providing definitive answers. Some observations by Aristotle will be useful in focusing our attention on these difficulties.

Aristotle observed that humans were animals because of their biological drive to reproduce and preserve themselves. However, he also observed that there were other traits that distinguished humans from the rest of the animal kingdom, specifically the capacity for speech. While there is evidence that non-human primates communicate, they certainly do not exhibit the capacity to do so to the degree that humans do. Of course, even if one locates traits that distinguish humans from the rest of the animal kingdom, their existence has antecedents in the animal kingdom. Certainly, the theorists of evolutionary biology are right to pursue those antecedents by postulating probable adaptations of the developing human form to the environments of hundreds of thousands, even millions, of years ago during the Plio-Pleistocene era that have made those traits possible. These adaptations include upright posture; the opposable thumb that facilitates the fashioning of tools; an enlarged, complex brain, which grows significantly after birth; the paradoxical combination of being both an isolated individual and involved with others, entailing one's desire both to conceal oneself from others (which includes self-deception) and to reveal oneself to others through the expectation of recognition and approval; and instincts that do not thoroughly determine behaviour, thus the likely associated 'openness of the mind' to new environments, including those created by humans that, once created, provide various foci of attention – structures of tradition – to which human conduct is oriented. To reformulate our problem: to what extent are these various environments of human creation, of which the nation is one, 'given'?

Aristotle also observed that humans have the ability to 'foresee with the mind'. This orientation to the future results in humans organizing themselves into seemingly qualitatively different forms of social relations in the attempt to address different problems, including those problems that are in the process of being created. Thus, Aristotle thought that the household and the city are distinguished from one another according to different purposes in response to different problems: for the family, the biological problem of the generation and sustenance of life itself; for the city, the cultural problem of not just living, but how best to live, of living well. This recognition of seemingly qualitatively different problems that, in turn, elicit different orientations of behaviour was shared by

Adam Smith, when, in the *Theory of Moral Sentiments*, he drew attention to the human distinction between what is useful and what is proper.

Does humanity's introduction of the problem of what is proper – the problem of the meaning of existence – that leads to the formation of diverse, indeed at times conflicting, social organizations (family, city, nation, empire, universal church, and so forth) indicate that there is only an indirect relation between those organizations and humanity's biological constitution? Even at the level of kinship, the variability of its forms, indicating that the concept refers to more than one object (ranging from the biological tie between mother and child to a relatedness of territorial cohabitation and even to speaking a common language), has led many analysts to insist on only an indirect relation between various social relations created by man and biology. If this is the case, then the explanatory merit of the relation between social relations such as the nation and biology is limited. Instead, the problem confronting the analyst is to examine various traditions of conduct, their institutional expression, the modifications both undergo over time, and the relation of one tradition to another. Thus, the ambiguity of the belief in the givenness of the nation is clarified through the recognition of a wide-ranging malleability of human conduct, even if that malleability is a consequence of biological properties that have evolutionarily emerged over time. Still, the problem remains as to how to understand the historical persistence of the social relation of kinship, albeit a social relation that has taken different forms.

Let us retrace some of the steps of the argument. This is the puzzle facing those who wish to understand the nation: humanity is part of the animal kingdom, yet in some ways distinguished from the rest of it. How so? Specific to humanity is the capacity to divide oneself into subject and object, to think about oneself, to reflect upon one's own condition; and, thereby, not only to engage in a struggle for existence, but also to raise the problem of what is the proper way to live. This is the capacity for self-consciousness. However, this capacity for self-reflection (the 'openness of the mind to the world', including a world that is internal to the individual) bears with it an awareness of humanity's deficiencies - above all, suffering and death - in relation to both its current and future environment. In Western civilization, the classic formulation of the ordeal of the self-awareness of this deficiency is 'the opening of the eyes' of Adam and Eve and the subsequent discovery of their nakedness, with its resultant shame, as described in Genesis 3.

In response to this openness and the anxiety that it provokes, the mind seeks out and establishes varieties of order that provide structure to experience. These varieties of order - traditions - are expressed in different forms of relations. These, in turn, are formed around different meanings about life that arise out of the contemplation of experience. Thus, in response to a meaning of life focused on its generation and transmission, relations of kinship such as family, clan, and nation are formed; a meaning of life revolving around freedom is expressed in varying political relations of self-government, such as democracy; and a preoccupation with the suffering of life and the release from it manifests itself in different religious traditions and their organization through churches.

There may be biological traits to the formation of these relations and the traditions around which they are constituted, for example the minimization of anxiety - or strategies of adaptation, as it would be formulated in evolutionary biology - arising out of the awareness of the perceived deficiencies or uncertainties of our existence. Perhaps the social relations formed in response to this self-awareness are the human equivalent of the biologically given instincts that dominate the behaviour of the rest of the animal kingdom. In other words, in contrast to the developed instinctual apparatus found in the animal kingdom that so thoroughly determines activity (including where one animal co-exists with another, like bees in a beehive) humans create wide-ranging social relations that structure their conduct, thereby reducing the anxiety of the uncertainty of how to act arising from the lack of such a behaviourally determining instinctual apparatus.

These conduct-structuring social relations provide patterns of familiarity; and they, too, are inherited – to be sure, not genetically, but through a cultural heritage. The consequence of the development of the human mind after birth is that it is 'open' (or, as formulated in the idiom of evolutionary psychology and cognitive science, the brain's processing module is not dominated by a specific instinct) to a particular cultural heritage. For example, the developing mind of the child learns the language and other traditions of the society in which the child is raised. As such, a cultural inheritance becomes a part of the image that one forms of oneself, thereby rooting in the psyche and habit of the individual the familiarity provided by the culture into which the individual is born and develops. The primary vehicle for this cultural inheritance is language; that is, to acquire a language is to acquire its content, as Dumézil observed. Furthermore, those who are recognized as speaking a common language are also recognized as sharing in that familiarity. Perhaps this individually inherited familiarity and its biological importance in reducing anxiety goes some way in accounting for the persistence of the belief in being related that is characteristic of the nation. It seems likely that part of the significance of the nation is that it is a structure of familiarity. If so, it becomes clear why a common language is often understood to be one of the characteristic factors of the nation; and why the preservation of that language, as the bearer of a unique cultural inheritance, is so important to the members of the nation.

Despite the likelihood of this behavioural component to a cultural heritage, humans can adopt a critical stance to such an inheritance by raising the problem of what is the proper way to live. If there is indeed some behavioural element to the formation of social relations, including the nation (and, as humans are part of the animal kingdom, how could there not be?), the human capacity for self-reflection breaks into what would otherwise be the deterministic relationship between the person and his or her environment, including the inherited cultural environment. Thus, the relations between the individual and the environment, and between one individual and another, become subject to contemplation and evaluation. Let us consider as an example the uniting of man and woman for the purpose of procreation.

Whatever the degree of biological instinct operating in the drive of humans to procreate and to form relations for procreation, that instinct is subject to reflection. Because humans subject the biological drive to procreate to evaluation, it becomes susceptible to variability, as expressed in the many different forms of human mating – not only monogamy, but also polygamy, promiscuity (for example, prostitution, adultery), and separation of the male and female after mating (as in divorce). Such variability, even when confined to biologically compelling sexual relations, within a species is characteristically human. Indeed, humans may reject altogether both what may otherwise be understood as a behavioural drive to procreate and the social relations derivative of that drive, the family. Such a decision arises from orienting one's actions out of consideration of a different understanding of what it means to live properly, as one finds expressed, for example, in Matthew 19:12, 'and there are eunuchs who have made themselves eunuchs for the sake of the kingdom of heaven'.

Different social relations

There are other abilities that distinguish humans from other primates. Human natural habitats do not seem to be natural; that is, humans exhibit the capacity to adapt to diverse environments. Furthermore, humans are capable of forming relations beyond any of these diverse, immediately given environments; that is, beyond the spatial area of the behavioural mechanisms of smell, touch, and sight, and out of a consideration beyond the temporal horizon of what is present. This capability is evident from those human relations such as trade for goods over long distances, and those many religions for which an event in the distant past, for example the crucifixion of Jesus, is seen as relevant for one's conduct in the present. This capability is also evident in the creation of the nation, the territorial expansiveness of which is beyond the spatial area of the smell, touch, and sight of any one individual, although pictorial representations, maps, of the nation imaginatively extend one's vision. The ability to form such relations indicates that the human mind exhibits capacities of imagination that enable it to lay claim to spatially distant locations as being in some way one's own, to lay claim to events in the past as relevant to one's present, to lay claim to a vision of the future as a concern of that present, and to lay claim to the images of a past, present, and future of another individual as being one's own. Various relations may be differentiated from one another – and we seek the ways that are specific to the nation – by the variability of the above-mentioned criteria of space and time; but there is another differentiating criterion, the purpose of the relation.

When images about things in the past, present, or expected in the future held in the mind of one individual are shared by another, they become the criteria by which individuals may evaluate one another. Those images held by one individual about another posit qualities – that may or may not be physically real – about that other individual. The result of such an evaluative classification is that one individual is recognized to be in some way either similar to another, such that a 'we' is established, or different from another such that an 'other' is asserted. Examples of the formation of a 'we' are the nation, where the quality recognized is the location of birth; and Christianity, in which what is recognized is the belief in Jesus Christ as Lord and Saviour. The degree of such similarity or difference varies depending upon the criteria recognized and asserted about the other individual; it varies according to the purpose of the relation that, in turn, influences the choice and significance, or lack thereof, of those evaluative criteria.

The relation of a recognized commonality, or lack thereof, may be temporally episodic, for example when a grain producer enters into a contract with a buyer. There are temporal elements to this kind of relationship because the decision of the producer of grain to enter into a contractual relationship with the buyer is based on both past experience and the future expectation of a profit. There are also spatial elements to this relationship. The contracting parties may be 'face to face' with each other, for example in a village market; or they may be spatially distant from one another such that they never meet, for example in international trade. If the 'we' of such a contractual relationship entered into out of the purpose of an expected advantage to each of the individuals is not established, then there may exist the condition of 'otherness' between what then becomes two competitors. Such a relationship is temporally episodic because it endures only as long as the contract is specified.

Characteristic of this economic relationship of an exchange of goods and services of the modern, spatially extensive market place is an impersonality between the contracting individuals. In this example of the contract, ideally, one individual of the contractual relationship either suspends or ignores altogether many of the qualities that he or she perceives about the other individual with whom the contract is entered into, as each pursues their own advantage, except for the expectation (entailing trust) that both parties to the contract will honestly fulfil their part of the contract. Thus, for efficient economic relations, national or religious properties asserting the similarity or dissimilarity of one individual as perceived by another should be irrelevant as criteria for entering into a contractual exchange of goods and services. Such an impersonality of the ideal economic relationship presupposes a degree of toleration in so far as those other evaluative criteria are either suspended or viewed as irrelevant for the purpose of this kind of relationship. Free trade, as the economist and philosopher Frank Knight noted, enshrines the doctrine of 'live and let live'.

The character of the relation of the religious organization is temporally more enduring than that of the economic exchange of the market because, in contrast to the latter, it introduces evaluative criteria that assert something fundamental about the existence of the individual. In this case, a relationship of similarity between two worshippers is asserted based on their shared recognition of both a past event that determines their present condition, for example one of sinfulness, and an expected event that will determine their future condition, for example salvation. Those who do not share that image of both past and future conditions, and who, thus, do not order their actions accordingly, are outside the religious organization. Those recognized to be outsiders might be believed by the members of the organization to be condemned to eternal perdition. In the character of the religious organization, certain evaluative criteria that indicate the purpose of the association such as, for Christianity, the recognition of Jesus as Lord and Saviour, or, for Islam, the recognition of Muhammad as the final true prophet, are not ignored; they, instead, define the relationship. In these examples of Christianity and Islam, spatial criteria do not play such an important role in the evaluation of one individual by another.

Turning to the nation, there is a significant evaluative component such that the qualities perceived in one individual by another and vice versa usually, except for the legal process of 'naturalization', define both individuals for their entire lives. The significance of the evaluative criteria that humans employ such that nations exist – criteria that assert divisions within humanity – is to be distinguished from the absence or suspension of that significance when humans enter into economic relationships, in which, at least ideally, there is a toleration of one another. It is also to be distinguished from Christianity, Islam, and Buddhism, in which, at least doctrinally, criteria are recognized that reject national divisions of humanity as they assert universal brotherhood.

The world religions are religions of belief. One can become a Christian, Muslim, or Buddhist by accepting their respective doctrines. In contrast, the quality recognized in a fellow member of a nation centres on birth, usually birth in its territory. This focus, resulting in relations of kinship ranging from the family to the nation, limits the potential for the expansiveness of the social relation. Nevertheless, various historical factors – law, politics, communication, and religion – can expand the relation of kinship through the creation of a common, territorially expansive culture. The 'we' of the territorial community of the nation is larger than the territorial communities of a clan, tribe, or city-state. Thus, expansion of the territorial relations of kinship is clearly possible. Perhaps one day the evaluative and distinguishing significance attributed to where one is born will fade from human consciousness; but it has not happened yet. Moreover, other considerations intervene to limit the extent of such an expansion, for example the desire for the freedom of self-government. Whatever the reasons, the division of humanity into nations continues.

Chapter 8
Conclusion

At the beginning of this millennium, nations remain one of the ways by which humanity has organized, and thereby divided and evaluated, itself. In addition, the uncivil ideology of nationalism continues, often tragically, to have a hold, with varying degrees of intensity, on the imagination of humanity. One consequence of such nationalistic enchantment – for example, the murder of innocent civilians in the Balkans, in Kashmir, or in Kurdistan by those who are intoxicated by an ideal that permits no compromise – is the destruction of the prospect of delight in the everyday pleasures of life, just as Homer described the danger of the Sirens for Odysseus and his crew in *The Odyssey*. The use of Homer's description of the destructive potential of an all-encompassing enchantment to describe the danger of the ideology of nationalism suggests that in some ways the problems that confront humanity have over the millennia changed less than one might think. Indeed, the intention of this book is to clarify what the approximately 3,000-year-old story of the Tower of Babel purports to explain about one of these problems: the division of humanity into distinct nations, each of which is formed around beliefs in its own territory, language, and supposedly unique biological kinship. These features, thought to distinguish one group of humans from another, are also found in the tenth chapter of Genesis, where the biblical Hebrew *gôy* is translated in most English versions of the Bible as 'nation'.

Scholarly examinations about the division of humanity into nations began to appear in the latter half of the 18th century, and by the 20th century the number of such works had grown significantly. There were several reasons for this increased scholarly attention. One was the attempt to come to terms with the brutality of World War I, during which millions of people were killed in the mass mobilization of one nation against another, naively believed at that time to have put an end to all war. Other reasons were the doctrine of the principle of national self-determination as put forward in 1918 by Woodrow Wilson, then President of the United States of America, in response to the dismemberment of the Austro-Hungarian and Ottoman Empires, and the institution of the League of Nations that arose in the aftermath of that war.

Further reasons for the appearance of works on the nation and the ideology of nationalism soon arose: Italian and German Fascism; World War II; and the emergence of political movements in Asia and Africa whose goal, in the name of national self-determination, was to rid those areas of European presence. The appearance of Fascism required a refinement of analysis, indicating the necessity to distinguish both uncivil nationalism as an ideology, and the even more grotesque manifestation of this ideology as Fascism, from the nation. Finally, the political movements in the aftermath of World War II for national self-determination revealed clearly the drive of a nation to be free to determine its own affairs through its organization as an independent national state.

There were always theoretical disputes surrounding the concept of the nation. These disputes, without too much oversimplification, can be reduced to two. First, there is the problem of the degree to which a national culture (the nature of which has also been a matter of disagreement) is a factor in the formation of the character of an individual. An individual can understand himself or herself in different ways, for example as a member of a family, a nation, or a world religion. How important is the self-understanding of being a member of a nation, and why does it sometimes dominate other understandings of the self?

The second dispute concerns the extent to which the appearance of nations is to be viewed as historically recent. Many economists, political scientists, and sociologists think that the belief in political equality of individuals (expressed in democracy and modern forms of citizenship), industrial capitalism (requiring a territorially large and culturally uniform population), and modern means of communication brought about the existence of nations. They characterize these political and economic developments as 'modernization'. I have presented evidence in this book that casts doubt on the merit of this argument that nations are historically novel. Furthermore, there arose predictions that, as a result of modernization, for example the ever-increasing international division of labour and entities such as the European Union, nations would soon disappear.

Now, however, events have taken place that heighten these disputes and create others. In contrast to predictions of the disappearance of nations, what emerged from the collapse of the Soviet Union and the reunification of Germany only made evident the persistence of national attachments in the face of modernization and an increasing international division of labour. During the last twenty years, this persistence has at times been expressed passionately, tragically so, as in the Balkans, where, once again, the enchanting Siren of nationalism bewitched those who made certain that not only their victims but they, too, would not enjoy the everyday delights of life. Moreover, confounding earlier analyses of modernization, within such engines of modern life as North America and the United Kingdom there arose national or regional movements of separation, respectively Quebec and Scotland. These and other events, such as the continuing conflict between India and Pakistan, ethnic warfare in Africa, and the continuing significance of religion as a factor in these circumstances, indicated the persistence and resilience of national attachments in the face of doctrines (obviously, but not only, including socialism) that were explicitly anti-national. Some socialists recognized this persistence and modified their views accordingly. The significance of this persistence requires explanation, especially as it complicates the scholarly orthodoxy of the day, namely, the understanding of human action that is excessively individualistic and utilitarian. The nation has, now more than ever, become a thorn in the side of rational man.

The events of the 20th century are of pressing importance for those who wish to understand nations and nationalism. Interpretations of these events, and discussions of the theoretical disputes that they aroused – for example, whether or not nations are modern, or the nature of the attachments the individual forms to the image of the nation and to other individuals who share that image – are currently the key issues being discussed in academic circles. However, the justification for this book on nationalism exists beyond one more discussion of those disputes. I have, instead, pursued a problem that, while related to those disputes, is nevertheless of a different orientation. The focus of this book was an investigation of the question, what does the existence of nations say about human beings? The pursuit of this question does not mean that those scholarly disputes, of which I have been a participant, were ignored; but they were not at the centre of the argument.

In the attempt to answer this problem, we must also speculate on why nations exist. Too often scholars eschew such an orientation because they wish to avoid any element of speculation. By refusing to enter into a discussion of what nations might tell us about the nature of humanity, those scholars wrongly avoid the problem of why the nation is of such interest and pressing concern to humanity.

One reason for the persistence and importance of nations, offered in the previous chapters, is that humans are preoccupied with vitality, above all, its origins. As a consequence of this preoccupation, they form relations around those origins, of which the most obvious example is the family, centred around the mother and father as the source of life. It is likely that such a preoccupation accounts for the persistence of the formation, albeit historically variable, of different structures of kinship. The complication posed by the nation to the formation of structures of kinship is that it introduces an extensive, yet bounded territory as a further element in this preoccupation with vitality. The significance of birth, for the formation of both the family and the nation, must be pondered. Parents put the well-being of their children before their own; members of a nation may sacrifice their lives for the well-being of their nation; and it is such self-sacrifice, so frequent throughout the 20th century, which requires acknowledgement.

However, this is not the only meaning around which humans organize themselves. There are relations that transcend the preoccupation with vitality, as they are concerned with the proper way to live. In religious categories, the contrast between these two relations is one between paganism and monotheism, both of which appear to be persistent in human affairs.

The task of politics is not to repudiate these different orientations of human conduct. To champion uncompromisingly one of those orientations at the expense of the other only invites a totalitarian enchantment with one of their ideological expressions, whether nationalism or fundamentalism. The task of politics, through the reasoned exercise of the virtue of civility arising out of concern for the unavoidably ambiguous common good of one's society, is to adjudicate artfully between the demands that these orientations place on human life.

References

Chapter 1

For an example of the term 'Sumerian seed', see the 'Letter from Ibbi-Sin to Puzur-Numushda' in Samuel Noah Kramer, *The Sumerians* (Chicago, 1963).

For the ancient Egyptian contrast to the Nubians and 'Asiatics', see A. Kirk Grayson and Donald B. Redford (eds.), *Papyrus and Tablet* (Englewood, NJ, 1973), p. 22; and John A. Wilson, *The Burden of Egypt* (Chicago, 1951), p. 164.

Herodotus, *The History*, tr. David Grene (Chicago, 1987), Bk. 8.144.

For the Chinese characterization of the *Di* and *Rohn*, see Michael Loewe and Edward L. Shaughnessy (eds.), *The Cambridge History of Ancient China* (Cambridge, 1999).

For the contempt implied by *bárbaros*, see Frank Walbank, 'The Problem of Greek Nationality', in *Selected Papers* (Cambridge, 1985).

Plato, *The Republic*, tr. Allan Bloom (New York, 1968), Bk. 5, 469a–471b; see also *The Menexenus*, tr. B. Jowett, *The Collected Dialogues of Plato*, ed. Edith Hamilton and Huntington Cairns (Princeton, 1961), 245d.

For the existence of pre-modern nations, see Steven Grosby, *Biblical Ideas of Nationality: Ancient and Modern* (Winona Lake, IN, 2002); Anthony D. Smith, *The Antiquity of Nations* (Cambridge, 2004).

Chapter 2

For vitality and the nation, see Steven Grosby, 'Primordiality' in *Encyclopaedia of Nationalism*, ed. Athena S. Leoussi (New Brunswick, 2001); Donald L. Horowitz, 'The Primordialists' in *Ethnonationalism in the Contemporary World*, ed. Daniele Conversi (London, 2002); Anthony D. Smith, *Nationalism and Modernism* (London, 1998).

Anthony D. Smith, *The Ethnic Origin of Nations* (Oxford, 1986).

Adam Smith, *The Theory of Moral Sentiments*, eds. D. D. Raphael and A. L. Macfie (Indianapolis, 1982), p. 192.

Aristotle, *The Politics*, tr. Carnes Lord (Chicago, 1984), 1252a1.

For civility as a mode of conduct, see *The Virtue of Civility: Selected Essays of Edward Shils on Liberalism, Tradition, and Civil Society*, ed. Steven Grosby (Indianapolis, 1997); Michael Oakeshott, *On Human Conduct* (Oxford, 1975).

For Cato the Elder, see Plutarch, *The Lives of the Noble Grecians and Romans*, tr. John Dryden (New York, nd).

On the nation as a medium between the empire and anarchy, see Yoram Hazony, 'The Case for the National State', *Azure* 12: 27–70.

Ernest Renan, 'What is a Nation?' in *The Poetry of the Celtic Races and Other Studies* (London, 1896).

On the dual nature of the nation, see Dominique Schnapper, *Community of Citizens*, tr. Séverine Rosée (New Brunswick, 1998).

For the defining characteristics of a nation, see Anthony D. Smith, 'When is a Nation?', *Geopolitics* 7/2 (2002): 5–32; *The Antiquity of Nations* (Cambridge, 2004), pp. 16–19.

Chapter 3

For the distinction between social relation and tool, see Hans Freyer, *Theory of Objective Mind: An Introduction to the Philosophy of Culture*, tr. Steven Grosby (Athens, 1998).

For the invention of tradition, see Eric Hobsbawm, 'Introduction: Inventing Traditions' in *The Invention of Tradition*, ed. Eric Hobsbawm and Terence Ranger (Cambridge, 1983).

For the history of the tartan kilt, see Hugh Trevor-Roper, 'The Invention of Tradition: The Highland Tradition of Scotland' in *The Invention of Tradition*, ed. Eric Hobsbawm and Terence Ranger (Cambridge, 1983).

On the relation of the Dutch to the Batavians, see Simon Schama, *The Embarrassment of Riches: An Interpretation of Dutch Culture in the Golden Age* (New York, 1987).

On emigration, immigration, and the civic-ethnic distinction, see Patrick Weil, 'Access to Citizenship' in *Citizenship Today*, ed. T. Alexander Aleinikoff and Douglas Klusmeyer (Washington, DC, 2001).

On the *hiyal*, see Joseph Schacht, 'The Law' in *Unity and Variety in Muslim Civilization*, ed. Gustave E. von Grunebaum (Chicago, 1955); Abraham L. Udovitch, *Partnership and Profit in Medieval Islam* (New Haven, 1979).

R. C. van Caenegem, *Legal History* (London, 1991), p. 119.

On the vassal and the ambiguities of the category feudalism, see Susan Reynolds, *Fiefs and Vassals* (Oxford, 1994).

On the legal developments in England during the 12th to 13th centuries, still indispensable are Frederick Pollock and Frederic William Maitland, *The History of English Law before the Time of Edward I* (Cambridge, 1923); Maitland's *The Constitutional History of England* (Cambridge, 1920); and William Stubbs, *The Constitutional History of England* (Chicago, 1979).

For this definition of the jury, see Frederick Pollock and Frederic William Maitland, *The History of English Law*, vol. 1, p. 138.

On the contribution of the medieval army and the longbow to the development of the English nation, see Barnaby C. Keeney, 'Military Service and the Development of Nationalism in England, 1272–1327', *Speculum* XXII/4 (October 1947): 534–49.

Fritz Kern, Kingship and Law in the Middle Ages (Oxford, 1939).

Chapter 4

For these ancient Near Eastern tribes, see M. B. Rowton, 'Enclosed Nomadism', *Journal of the Economic and Social History of the Orient* 17 (1974): 1–30; 'Dimorphic Structure and the Parasocial Element', *Journal of Near Eastern Studies* 36 (1977): 181–98.

On the historical ubiquity of the territorial tie, see Robert Lowie, *The State* (New York, 1927).

On *gayum*, see Abraham Malamat, *Mari and the Early Israelite Experience* (Oxford, 1989).

Plato, *The Menexenus*, tr. B. Jowett, *The Collected Dialogues of Plato*, ed. Edith Hamilton and Huntington Cairns (Princeton, 1961), 237b–238b.

On the influence of the ancient Israelite conception of the promised land for the formation of nations in European history, see Adrian Hastings, *The Construction of Nationhood* (Cambridge, 1997).

Lyndon Baines Johnson, *A Time for Action* (New York, 1964).

For temples as boundary markers for the ancient Greek city-states, see François de Polignac, *Cults, Territory and the Origins of the Greek City-State* (Chicago, 1995).

John Locke, *Second Treatise of Government*, ed. Peter Laslett (Cambridge, 1960), ch. v.

Ernest Renan, 'What is a Nation?' in *The Poetry of the Celtic Races and Other Studies* (London, 1896).

Chapter 5

For analyses of nationality as exclusively modern, see, for example, Ernest Gellner, *Nations and Nationalism* (Ithaca, 1983); E. J. Hobsbawm, *Nations and Nationalism since 1780* (Cambridge, 1990); Liah Greenfeld, *Nationalism: Five Roads to Modernity* (Cambridge 1992).

On early Sinhalese history, see Bardwell L. Smith (ed.), *Religion and Legitimation of Power in Sri Lanka* (Chambersburg, 1978); K. M. de Silva, *A History of Sri Lanka* (Berkeley, 1981).

On nationality in ancient Israelite history, see Steven Grosby, *Biblical Ideas of Nationality; Ancient and Modern* (Winona Lake, IN, 2002).

On early Japanese history, see Delmer M. Brown (ed.), *The Cambridge History of Japan*, vol. 1 (Cambridge, 1993); Joseph Kitagawa, 'The Japanese *Kokutai* (National Community): History and Myth', *History of Religions* 13/3 (1974): 209–26.

On medieval Polish history, see Paul W. Knoll, *The Rise of the Polish Monarchy* (Chicago, 1972); Norman Davies, *God's Playground*, vol. 1 (New York, 1982).

Delmer M. Brown, 'The Early Evolution of Historical Consciousness' in *The Cambridge History of Japan*, vol. 1, p. 506.

On European trans-national institutions and human rights, see David Jacobson, *Rights Across Borders* (Baltimore, 1996).

On the possibility of Levites as government officials, see G. W. Ahlström, *Royal Administration and National Religion in Ancient Palestine* (Leiden, 1982).

On these samurai's slogans and an overview of Tokugawa Japan, see E. H. Norman, *Origins of the Modern Japanese State* (New York, 1975); W. G. Beasley, *The Japanese Experience* (Berkeley, 1999).

On the account of the pronunciation of Polish words, see Paul W. Knoll, *The Rise of the Polish Monarchy*, p. 33; Norman Davies, *God's Playground*, p. 94.

Josephus, *The Antiquities of the Jews*, in *The Works of Josephus*, tr. William Whiston (Peabody, MA, 1987), 13.9.1.

For these characteristics of nationality, see Anthony D. Smith, 'When is a Nation?', *Geopolitics* 7/2 (2002): 5–32; *The Antiquity of Nations* (Cambridge, 2004), pp. 16–19.

For the percentages of voting population in 1832, see Andrzej Walicki, *The Enlightenment and the Birth of Modern Nationhood* (Notre Dame, 1989), p. 6.

Edward Shils, 'Center and Periphery' in *Center and Periphery* (Chicago, 1975); S. N. Eisenstadt, *Comparative Civilizations and Multiple Modernities* (Leiden, 2003).

Marc Bloch, *The Royal Touch*, tr. J. E. Anderson (London, 1973).

On the *Hermannsdenkmal*, see George L. Mosse, *The Nationalization of the Masses* (Ithaca, 1975).

For the different interpretations of the Battle of Kosovo, see Vjekoslav Perica, *Balkan Idols* (Oxford, 2002).

On disputes over self-rule in the interpretation of the American Constitution, see Steven D. Ealy, 'The Federalist Papers and the Meaning of the Constitution', *Inquiries* 4/2–3 (Winter/Spring 2004): 1–10.

On the American conception of manifest destiny, see Albert K. Weinberg, *Manifest Destiny* (Baltimore, 1935).

Chapter 6

For the war camp as the origin of ancient Israel, see Julius Wellhausen, *Israelitische und Jüdische Geschichte* (Berlin, 1905), p. 24. See also Alexander Joffe, 'The Rise of Secondary States in the Iron Age Levant', *Journal of the Economic and Social History of the Orient* 45/4 (2002): 425–67. For religion and ancient Israelite nationality, see Steven Grosby, *Biblical Ideas of Nationality: Ancient and Modern* (Winona Lake, IN, 2002).

For religion in early Japan, Joseph Kitagawa, 'The Japanese *Kokutai* (National Community): History and Myth'; Matsumae Takeshi, 'Early Kami Worship' in *The Cambridge History of Japan*, ed. Delmer Brown (Cambridge, 1993), vol. I.

For the worship of the Sinhalese 'Four Warrant Gods', see Richard Gombrich and Gananath Obeyesekere, *Buddhism Transformed: Religious Change in Sri Lanka* (Princeton, 1988).

For the Virgin Mary at Blachernae, see N. Baynes, 'The Supernatural Defenders of Constantinople' in *Byzantine Studies* (London, 1955); Averil Cameron, 'The Theotokos in Sixth-Century Constantinople', *Journal of Theological Studies*, n.s., 29 (April 1978): 79–108; and Vasiliki Limberis, *Divine Heiress: The Virgin Mary and the Creation of Christian Constantinople* (London, 1994).

For the Virgin Mary at Częstochowa, see Norman Davies, *God's Playground: A History of Poland*, vol. 1.

For the tomb of the unknown soldier and other monuments to fallen soldiers, see George Mosse, *Fallen Soldiers: Reshaping the Memory of the World Wars* (New York, 1990); Jay Winter, *Sites of Memory, Sites of Mourning* (Cambridge, 1995).

For the conceptual distinction between nation and religion, see Steven Grosby, 'Nationality and Religion' in *Understanding Nationalism*, ed. M. Guibernau and J. Hutchinson (Cambridge, 2001), pp. 97–119. For the distinction between the other-worldly axial religions of the book and the this-worldly primordial religions, see Max Weber, 'The Sociology of Religion' in *Economy and Society* (Berkeley, 1978); Karl Jaspers, *The Origin and Goal of History* (New Haven, 1953); and S. N. Eisenstadt (ed.), *The Origins and Diversity of the Axial Age Civilizations* (Albany, 1986).

For the pagan elevation of the human to the divine, see E. Bickerman, 'Die Römische Kaiserapotheose', *Archiv für Religionswissenschaft* 27 (1929): 1–34; Arnaldo Momigliano, 'How Roman Emperors Became Gods', in *On Pagans, Jews, and Christians* (Middletown, Conn., 1987).

On the Greek hero, see Arthur Darby Nock, 'The Cult of the Heroes' in *Essays on Religion and the Ancient World*, ed. Zeph Stewart (Oxford, 1972).

On the cult of the saints, see Peter Brown, *The Cult of the Saints* (Chicago, 1981).

On the cult of Louis, see Elizabeth M. Hallam, 'Philip the Fair and the Cult of Saint Louis', in *Religion and National Identity*, ed. Stewart Mews (Oxford, 1982).

For Symmachus' statement, see *Prefect and Emperor: The*

Relationes of Symmachus A. D. 384, tr. R. H. Barrow (Oxford, 1973), no. 3.

Herodotus, *The History*, tr. David Grene (Chicago, 1987), Bk. 1.172.

On pagan monotheism, see Polymnia Athanassiadi and Michael Frede, *Pagan Monotheism in Late Antiquity* (Oxford, 1999).

On Marcion, still necessary is Adolph Harnack, *History of Dogma* (London, 1894).

For a succinct overview of the relation between religion and nation in Iranian history, see Charles F. Gallagher, 'The Plateau of Particularism: Problems of Religion and Nationalism in Iran', in *Churches and States*, ed. Kalman H. Silvert (New York, 1967).

For *'asabiyya*, see the *Encyclopedia of Islam* (Brill, 1960).

On the cult of Idris and the *sharifs*, see Jamil M. Abun-Nasr, *A History of the Maghrib* (Cambridge, 1975); Abdallah Laroui, *The History of the Maghrib* (Princeton, 1977).

Chapter 7

Arthur de Gobineau, *The Inequality of the Human Races*, tr. Adrian Collins (London, 1915).

Olaus Magnus, *A Compendius History of the Goths, Swedes and Vandals* (London, 1658).

Richard Verstegan, *A Restitution of Decayed Intelligence* (Antwerp, 1605).

H. S. Chamberlain, *Foundations of the Nineteenth Century* (New York, 1968).

Heinrich von Treitschke, *Politics*, tr. Blanche Dugdale and Torben de Bille (London, 1916).

For Herder's view of the nation, see Steven Grosby, 'Herder's Theory of the Nation' in *Encyclopaedia of Nationalism*, ed. A. Leoussi (New Brunswick, 2001).

Georges Dumézil, *L'idéologie tripartite des Indo-Européens* (Brussels, 1958); also by the same author, *The Destiny of the Warrior* (Chicago, 1970) and *The Destiny of a King* (Chicago, 1973), both translated into English by Alf Hiltebeitel.

For the 'clash of civilizations', see S. Huntington, *The Clash of Civilizations and the Remaking of World Order* (New York, 1996).

For criticisms of Dumézil's argument, see Colin Renfrew, *Archaeology and Language* (Cambridge 1988); Arnaldo Momigliano, 'Georges Dumézil and the Trifunctional Approach to Roman Civilization' in *On Pagans, Jews, and Christians* (Middletown, Conn., 1987).

Thomas Hobbes, *The Leviathan*, ed. Michael Oakeshott (London, 1962).

The literature of neo-Darwinism, evolutionary biology, and cognitive psychology is extensive. Useful overviews are John Cartwright, *Evolution and Human Behavior* (Cambridge, 2000); Peter J. Wilson, *Man, the Promising Primate* (New Haven, 1980); Paul R. Ehrlich, *Human Natures* (Washington, DC, 2000); J. H. Barkow, L. Cosmides, and J. Tooby (eds.), *The Adapted Mind* (Oxford, 1992); Dan Sperber, *Explaining Culture* (Oxford, 1996).

For the statistics on self-imposed female infertility, see 'Women Graduates Find Cost of Having Children Too Great', *The Times* (London), 25 April 2003; Michael S. Rendall and Steve Smallwood, 'Higher Qualifications, First Birth Timing, and Further Childbearing in England and Wales', *Population Trends* 111 (Spring 2003): 18–26.

On the 'openness of the mind', see the literature of 'philosophical anthropology', for example Max Scheler, *Man's Place in Nature*, tr. Hans Meyerhoff (Boston, 1961); Arnold Gehlen, *Man: His Nature and Place in the World*, tr. Clare McMillan and Karl Pillemer (New York, 1988); Helmuth Plessner, *Die Frage nach der Conditio humana* (Appl, 1976); *Mit anderen Augen* (Stuttgart, 1982).

Aristotle, *The Politics*, tr. Carnes Lord (Chicago, 1984), 1252a1.

Adam Smith, *The Theory of Moral Sentiments*, ed. D. D. Raphael and A. L. Macfie (Indianapolis, 1982), p. 117.

Frank Knight, 'Economic Theory and Nationalism' in *The Ethics of Competition* (New York, 1935), pp. 325, 282.

Chapter 8

For the account of the Sirens, see Homer, *The Odyssey*, tr. Richard Lattimore (New York, 1975), Book XII, lines 39–200.

The noteworthy works on the emergence of the nation as a result of modernization are Karl W. Deutsch, *Nationalism and Social Communication* (Cambridge, 1953); John Breuilly, *Nationalism and the State* (Chicago, 1982); Ernest Gellner, *Nations and Nationalism* (Ithaca, 1983); Benedict Anderson, *Imagined Communities* (London, 1983); and Liah Greenfeld, *Nationalism: Five Roads to Modernity* (Cambridge, 1992).

For the prediction that nations would soon disappear, see E. J. Hobsbawm, *Nations and Nationalism since 1780* (Cambridge, 1990).

For an example of a socialist modifying his views on the nation, see Tom Nairn, *The Break-up of Britain* (London, 1977).

Further reading

There are many books on the subjects of nations and nationalism; and, indeed, new ones appear almost daily. As a consequence, it is difficult to draw attention to even the more important ones without overlooking a number of others worthy of careful consideration, especially covering subjects that are so controversial. Thus, in addition to the works listed in the references to each chapter, I have, in what follows, provided a brief overview of a few of the more important books on nations and nationalism.

Historical works on a particular nation are almost as old as our first written records; certainly, there are examples from antiquity such as Josephus's *The Antiquities of the Jews*. Nevertheless, one can say that the scholarly study of the nation, as a problem to be explained, began in the latter half of the 18th century with two works by Johann Gottfried von Herder, *Yet Another Philosophy of History for the Education of Mankind* (New York, 1968) and *Reflections on the Philosophy of the History of Mankind* (Chicago, 1968). For a critical evaluation of these works, see Freidrich Meinecke, *Historism* (London, 1972); and Steven Grosby, 'Herder's Theory of the Nation' in *Encyclopaedia of Nationalism*, ed. Athena S. Leoussi (New Brunswick, 2001).

Discussions of the nation appeared with greater frequency in the 19th century. Some of the more noteworthy were Johann Gottlieb Fichte, *Addresses to the German Nation* (New York, 1968); Georg Wilhelm

Friedrich Hegel, *The Philosophy of History* (New York, 1956); John Emerich Edward Dalberg-Acton, 'Nationality' in *Essays in the History of Liberty* (Indianapolis, 1986); and especially Ernest Renan, 'What is a Nation?' in *The Poetry of the Celtic Races and Other Studies* (London, 1896).

Among the many works on the nation written in the aftermath of World War I, important were Freidrich Meinecke, *Cosmopolitanism and the National State* (Princeton, 1970); Johan Huizinga, 'Patriotism and Nationalism in European History' in *Men and Ideas* (Princeton, 1984); Carlton Hayes, *Essays on Nationalism* (New York, 1926); and *The Historical Evolution of Modern Nationalism* (New York, 1931). It was during this period that works by the most prolific, until recently, writer on nationalism, Hans Kohn, began to appear.

During and immediately following World War II, attempts to understand the nation, nationalism, fascism, and the political movements for national independence resulted in numerous works. Significant contributions during this period would include Hans Kohn, *The Idea of Nationalism* (New York, 1943); *The Age of Nationalism* (New York, 1962); Frederick Hertz, *Nationality in History and Politics* (London, 1944); Louis Snyder, *The Meaning of Nationalism* (New Brunswick, 1954); Karl Deutsch, *Nationalism and Social Communication* (Cambridge, 1953); Elie Kedourie, *Nationalism* (London, 1960); *Nationalism in Asia and Africa* (New York, 1970); and Hugh Seton-Watson, *Nations and States* (London, 1977). Sophisticated analyses of nations now appeared by ancient and medieval historians, for example Frank Walbank, 'The Problem of Greek Nationality' and 'Nationality as a Factor in Roman History', in *Selected Papers* (Cambridge, 1985); Ernest Kantorowicz, 'Pro Patria Mori in Medieval Political Thought', *The American Historical Review* LVI/3 (April 1951): 472–92; Gaines Post, 'Two Notes on Nationalism in the Middle Ages', *Traditio* IX (1953): 281–320; and Joseph Strayer, 'France: The Holy Land, the Chosen People, and the Most Christian King', in *Medieval Statecraft and the Perspectives of History* (Princeton, 1971). Furthermore, during this period there appeared a number of important works on the ideology of nationalism by intellectual historians such as George Mosse, *The Crisis of German Ideology* (New York, 1964).

In the last 25 years, significant works on the nation have included John Armstrong, *Nations Before Nationalism* (Chapel Hill, 1982); Dominique Schnapper, *Community of Citizens* (New Brunswick, 1998); Adrian Hastings, *The Constitution of Nationhood* (Cambridge, 1997); Steven Grosby, *Biblical Ideas of Nationality: Ancient and Modern* (Winona Lake, 2002); John Hutchinson, *Nations as Zones of Conflict* (London, 2005). Worthy of careful attention are the books by the most prolific and thoughtful writer on this subject during this period, Anthony D. Smith, *The Ethnic Origin of Nations* (Oxford, 1986); *Nationalism and Modernism* (London, 1998); *Myths and Memories of the Nation* (Oxford, 1999); *The Nation in History* (Hanover, 2000); *Chosen Peoples* (Oxford, 2004); and *The Antiquity of Nations* (Cambridge, 2004).

Other influential, recent books would include Benedict Anderson, *Imagined Communities* (London, 1983); Ernest Gellner, *Nations and Nationalism* (Ithaca, 1983); John Breuilly, *Nationalism and the State* (Chicago, 1982); and Liah Greenfeld, *Nationalism: Five Roads to Modernity* (Cambridge, 1992). There are also numerous case studies of high quality, such as John Hutchinson, *The Dynamics of Cultural Nationalism: The Gaelic Revival and the Creation of the Irish National State* (London, 1987); and works on the relation of nations and nationalism to other human activities, such as George Mosse, *Nationalism and Sexuality* (Madison, 1985); Athena Leoussi, *Nationalism and Classicism* (New York, 1998); and to philosophy, David Miller, *On Nationality* (Oxford, 1995).

“牛津通识读本”已出书目

古典哲学的趣味
人生的意义
文学理论入门
大众经济学
历史之源
设计，无处不在
生活中的心理学
政治的历史与边界
哲学的思与惑
资本主义
美国总统制
海德格尔
我们时代的伦理学
卡夫卡是谁
考古学的过去与未来
天文学简史
社会学的意识
康德
尼采
亚里士多德的世界
西方艺术新论
全球化面面观
简明逻辑学
法哲学：价值与事实
政治哲学与幸福根基
选择理论
后殖民主义与世界格局
福柯
缤纷的语言学
达达和超现实主义
佛学概论
维特根斯坦与哲学
科学哲学
印度哲学祛魅
克尔凯郭尔
科学革命
广告
数学
叔本华
笛卡尔
基督教神学
犹太人与犹太教
现代日本
罗兰·巴特
马基雅维里
全球经济史
进化
性存在
量子理论
牛顿新传
国际移民
哈贝马斯
医学伦理
黑格尔
地球
记忆
法律
中国文学
托克维尔
休谟
分子
法国大革命
丝绸之路
民族主义
科幻作品
罗素
美国政党与选举
美国最高法院
纪录片
大萧条与罗斯福新政
领导力
无神论
罗马共和国
美国国会
民主
英格兰文学
现代主义
网络
自闭症
德里达
浪漫主义

批判理论	德国文学	儿童心理学
电影	戏剧	时装
俄罗斯文学	腐败	现代拉丁美洲文学
古典文学	医事法	卢梭
大数据	癌症	隐私
洛克	植物	电影音乐
幸福	法语文学	抑郁症